Automotive & Industrial Equipment

THE DEALER DEVELOPMENT BOOK

Domenico Cocomile

THE DEALER DEVELOPMENT BOOK

COME MISURARE E MIGLIORARE LA DISTRIBUZIONE RETAIL NEL BUSINESS DELLE MACCHINE MOVIMENTO TERRA

Ogni cura è stata posta nella creazione, verifica e documentazione dei programmi contenuti in questo libro. Tuttavia l'Autore non può assumersi alcuna responsabilità derivante dall'implementazione dei programmi stessi, né può fornire alcuna garanzia sulle prestazioni o sui risultati ottenibili dal loro uso. L'Autore si riserva la possibilità di modificare il funzionamento degli stessi senza alcun preavviso, sottostando alle esigenze di mercato e manutenzione che possono verificarsi nel tempo.

Per gentile concessione di New Holland Kobelco Construction Machinery SpA:

- sulla prima di copertina un Escavatore Cingolato *New Holland Construction - E305C*;

- sulla quarta di copertina una Pala Gommata *New Holland Construction - W230C*;

- sul frontespizio un Escavatore Gommato *New Holland Construction - WE150*.

Foto dell'Autore by Enrica Di Tommaso.

ISBN 978-1-4467-5495-5

Lulu Enterprises, Inc.

3101 Hillsborough Street

Raleigh, NC 27607-5436 USA

Prima edizione: marzo 2011

Premessa

Questo libro è una guida operativa rivolta a imprenditori, direttori commerciali, responsabili di zona, dealer development manager che richiedano un supporto nell'organizzazione della propria rete distributiva, e a consulenti che necessitino di strumenti applicativi per le procedure di gestione della rete di vendita.

Il testo contiene una raccolta strutturata della metodologia di analisi utile allo sviluppo e al controllo della rete commerciale di Concessionari, frutto di letture tecniche settoriali e, soprattutto, dell'esperienza maturata sul campo nel corso della mia carriera in CNH (Case New Holland) in qualità di dealer development manager.

Desidero ringraziare tutti coloro che hanno contribuito, direttamente o indirettamente, alla realizzazione di questo manuale e, in particolare:

- Alessandro Nasi che ha autorizzato l'utilizzo dei contenuti creati lavorando per New Holland Kobelco Construction Machinery SpA, azienda da lui rappresentata;

- Pietro Gorlier che nel giugno 2007 mi ha offerto l'opportunità di entrare nel Dealer Development di

CNH e nel dicembre 2008 mi ha proposto come dealer development manager del brand *New Holland Construction* in Europa;

• Duilio Amico che nel dicembre 2009 mi ha affidato la responsabilità del Dealer Development anche per il brand *Case Construction*, permettendomi di lavorare in autonomia con un team di collaboratori capaci di approfondire i temi che reputassi più importanti per l'analisi del business di un Concessionario operante nel settore delle Macchine Movimento Terra.

Torino, 1 marzo 2011

Domenico Cocomile

Sommario

Introduzione

Molto spesso occorre fare delle stime previsionali nei campi più disparati: il tempo del fine settimana, il valore della propria automobile a tre anni dall'acquisto, l'andamento di un titolo in borsa, la domanda di mercato delle Macchine Movimento Terra, la quota di mercato di un brand, ecc.

L'incertezza è parte integrante di ogni processo di valutazione ed è legata alle modalità con cui le informazioni in nostro possesso si modificano nel tempo. Pertanto, può essere interessante comprendere ciò che accade quando si eseguono operazioni (esatte) tra grandezze potenzialmente affette da errore di valutazione.

Una frase di "saggezza popolare" afferma che gli errori si compensano, per cui non è necessaria un'eccessiva precisione nella stima delle grandezze di partenza in considerazione del fatto che il risultato finale, derivante da operazioni tra le suddette grandezze, non varia nella sostanza. La teoria sulla propagazione degli errori sostiene, invece, che l'errore complessivo si ottiene prendendo in esame le ipotesi peggiori nell'ambito di tutte le grandezze iniziali. La differenza tra i due punti di vista è notevole e, senza prestare la dovuta attenzione, è sufficiente un po' di sfortuna per giungere a conclusioni largamente differenti da quanto stimato in precedenza.

Facciamo un esempio: ipotizziamo che il prossimo anno il mercato delle Macchine Movimento Terra in Italia sia di 10.000 unità ±10% e stimiamo la quota di mercato di un brand compresa tra il 9% e l'11%. Com'è noto, il numero di macchine vendute dal brand in esame è dato dalla sua quota di mercato moltiplicato il mercato stesso: alcuni potrebbero pensare, almeno per un momento, che la previsione di vendita sia di 1.000 unità ±10%. Purtroppo non è così: nel caso peggiore il brand venderà 810 unità (il 19% in meno di 1.000 unità) e nel caso migliore 1.210 unità (addirittura il 21% in più).

Data l'evidenza dei fatti, diventa fondamentale ridurre al massimo l'incertezza di valutazione delle grandezze di partenza per evitare che gli indicatori, costruiti a partire da esse, siano affetti da errori tali da diventare non attendibili.

L'obiettivo di questo libro è di definire un modello di funzionamento dell'attività del Concessionario dal punto di vista commerciale, finanziario e organizzativo al fine di ottenere parametri di valutazione, accurati (per quanto possibile) e attendibili, utili a monitorare e sostenere la crescita del business.

Il primo capitolo è dedicato alla misurazione del mercato di vendita e all'analisi della copertura territoriale mediante la rete di Concessionari: vengono presi in esame i criteri di under-performance di questi e viene descritto un metodo per l'identificazione delle aree di mercato a maggior potenziale di sviluppo.

Nel secondo capitolo, attraverso l'analisi patrimoniale ed economica del Concessionario, si valuta la sua solidità finanziaria con approfondimenti sulla gestione del conto economico per dipartimenti e su alcuni metodi di base per la stima del rischio di insolvenza di un'azienda.

Il terzo capitolo spiega come creare un piano di sviluppo commerciale e come verificarne la sostenibilità con le risorse finanziare a disposizione. Vengono trattati, inoltre, temi relativi alla gestione dell'usato e dei venditori, da cui il business plan non può prescindere.

Il quarto capitolo descrive il business dei ricambi che tipicamente garantisce una marginalità rilevante, senza la quale la sostenibilità dell'intera attività del Concessionario sarebbe messa seriamente in crisi. Viene analizzata la marginalità per famiglia prodotto e canale di vendita, l'effetto che una corretta pianificazione delle scorte ha su di essa e, infine, viene proposto un metodo per la definizione della griglia sconti ai clienti.

Nel quinto e ultimo capitolo si esamina il business del servizio di assistenza che, oltre ad essere un'importante leva per la fidelizzazione dei clienti, costituisce un canale di vendita ad alto profitto per i ricambi. Viene riportata la struttura di un modello organizzativo efficiente, si analizza il margine lordo del servizio di assistenza e si forniscono strumenti utili al dimensionamento organizzativo di questo dipartimento.

Il libro raccoglie numerosi esempi pratici e schematizzazioni grafiche; presenta, inoltre, diverse tabelle con alcune celle evidenziate da sfondo grigio: queste contengono i dati di input al modello di business del Concessionario e alimentano in maniera univoca i KPI descritti. Tali KPI sono in lingua inglese per agevolarne la comparazione con altri testi tecnici in materia che spesso sono in lingua.

Quando possibile, per le grandezze esaminate, vengono forniti benchmark significativi per il settore delle Macchine Movimento Terra, mai direttamente riconducibili a realtà specifiche di singoli Concessionari appartenenti alla rete di CNH Construction Equipment. Di conseguenza, alcuni contenuti del libro sono relativi specificamente al suddetto settore, ma tutta la metodologia descritta è applicabile evidentemente anche ai business Agriculture, Truck e Automotive.

1 L'analisi di mercato e le performance del Concessionario

1.1 Il Total Industry Volume (TIV)

Per quantificare un mercato di vendita è importante prima di tutto fissare il perimetro di misurazione:

- orizzonte temporale;
- delimitazione territoriale;
- ampiezza della gamma prodotto.

Il mercato di vendita o TIV (Total Industry Volume) rappresenta il numero totale di macchine nuove vendute all'interno del perimetro di misurazione. Ad esempio, è possibile definire il TIV del 2011 in Italia delle Macchine Movimento Terra (Construction Equipment).

Esistono due tipi TIV: Wholesale e Retail, intendendo il primo come il numero totale di macchine nuove vendute alla rete di Concessionari e il secondo come il numero totale di quelle vendute a cliente finale. La differenza tra Wholesale TIV e Retail TIV rileva la variazione dello stock sui piazzali dei Concessionari di tutti i brand tra inizio e fine periodo.

$$\Delta\, Dealer\ Stock = Wholesale\ TIV - Retail\ TIV$$

Il Retail TIV è, evidentemente, quello che rappresenta meglio la domanda di mercato poiché è pari al numero totale di macchine nuove assorbite dall'utilizzatore finale.

Nel business del Construction Equipment esistono tredici product line, raggruppate in due macro categorie Heavy Line e Compact Line, riassunte nella figura seguente:

Full Line Construction Equipment	Acronym	Weight/hp
Heavy Line		
1. Crawler Excavator	CHEX	≥ 12 ton
2. Wheel Loader	WL	> 80 hp
3. Wheeled Excavator	WHEX	≥ 12 ton
4. Dump Truck	DT	
5. Crawler Dozer	CD	
Compact Line		
6. Mini-Excavator	MHEX	< 6 ton
7. Skid Steer Loader	SSL	
8. Telescopic Handler	TLH	
9. Midi Crawler Excavator	Midi-CHEX	≥ 6 ton; < 12 ton
10. Compact Track Loader	CTL	
11. Tractor Loader Backhoe	TLB	
12. Compact Wheel Loader	CWL	≤ 80 hp
13. Midi Wheeled Excavator	Midi-WHEX	< 12 ton

Figura 1-1

1.2 La Share of Market (SoM)

La quota di mercato o Share of Market (SoM) è l'indicatore principale per valutare la forza commerciale di un brand sul mercato rispetto a quella degli altri competitor.

È data dal numero di macchine vendute a cliente finale (consegne a cliente finale) diviso il Retail TIV.

$$SoM = \frac{Retail\ Units}{Retail\ TIV}$$

In questo libro, ogni volta che citeremo "Units" e "TIV", intenderemo rispettivamente "Retail Units" e "Retail TIV".

1.3 L'indice di Herfindahl-Hirschman (HHI)

L'indice di concentrazione di Herfindahl-Hirschman (HHI) è un metodo oggettivo per valutare un mercato e la sua competitività. È dato da:

$$HHI = 10.000 * \left[\sum_{i=1}^{N} SoM_i^2 \right]$$

dove N è il numero complessivo di competitor. In generale abbiamo:

$$10.000 * \frac{1}{N} \leq HHI \leq 10.000$$

Valgono i seguenti benchmark per caratterizzare il mercato di vendita:

- HHI < 100 ⇒ Highly Competitive

- 100 ≤ HHI < 1.000 ⇒ Competitive

- 1.000 ≤ HHI < 1.800 ⇒ Moderately Concentrated

- HHI ≥ 1.800 ⇒ Concentrated

Nella pratica, per mercati molto frammentati in cui i player sono molteplici, si utilizza la formula seguente, solo in apparenza più complicata:

$$HHI = 10.000 * \left[\sum_{i=1}^{n} SoM_i^2 + (N-n) * \left(\frac{1 - \sum_{i=1}^{n} SoM_i}{(N-n)} \right)^2 \right]$$

dove n è il numero di player più significativi ordinati per SoM e N indica il numero totale di questi ultimi. Sostanzialmente si utilizzano le SoM effettive dei primi n player e si ipotizza che la restante fetta di mercato sia ugualmente distribuita tra gli altri.

Proviamo ora ad applicare la teoria di questo indice ai mercati Heavy e Compact Line del business Construction Equipment, formulando le seguenti ipotesi:

- n_{HL} = 7, numero di player Heavy Line più significativi (celle quadrettate in Figura 1-2);

- N_{HL} = 12, numero totale di player Heavy Line;

- n_{CL} = 8, numero di player Compact Line più significativi (celle quadrettate in Figura 1-2);

- N_{CL} = 30, numero totale di player Compact Line.

Brand	Heavy Line SoM	Compact Line SoM
Brand 1	15%	6,3%
Brand 2	21%	6,9%
Brand 3	10%	11%
Brand 4	6,7%	9,2%
Brand 5	7,1%	4,7%
Brand 6	17%	6,5%
Brand 7	6,4%	0,1%
Brand 8	0,1%	11%
Brand 9	1,8%	7,3%
Brand 10	0,0%	6,4%
Others	15%	30%

Figura 1-2

$$HHI_{HL} = 10.000 * \left[\sum_{i=1}^{7} SoM_i{}^2 + (12 - 7) * \left(\frac{1 - \sum_{i=1}^{7} SoM_i}{(12 - 7)} \right)^2 \right]$$

$$HHI_{CL} = 10.000 * \left[\sum_{i=1}^{8} SoM_i{}^2 + (30 - 8) * \left(\frac{1 - \sum_{i=1}^{8} SoM_i}{(30 - 8)} \right)^2 \right]$$

Eseguendo le dovute operazioni, risulta che:

- HHI_{HL} = 1.234 e quindi il mercato Heavy Line è un mercato "Moderately Concentrated", dominato da player come *Case Construction, New Holland Construction, Caterpillar, Hitachi, Komatsu, Volvo, Liebherr*;

- HHI_{CL} = 613 e quindi il mercato Compact Line è un mercato "Competitive" dovuto alla presenza di ulteriori player forti come *JCB, Bobcat, Kubota,*

Yanmar, *Takeuchi*, oltre a *Merlo* e *Manitou* esclusivamente per i sollevatori telescopici.

Abbiamo dimostrato che il mercato Compact Line è più competitivo rispetto a quello Heavy Line, non tanto per il maggior numero di player significativi (8 per la Compact Line contro 7 per la Heavy Line), quanto per la sua frammentazione in un numero totale di player decisamente maggiore (30 per la Compact Line contro 12 per la Heavy Line).

1.4 Il territorio di competenza e la SoM del Concessionario

I costruttori o OEM (Original Equipment Manufacturer) normalmente affidano la distribuzione sul territorio ai Concessionari responsabili, oltre che della vendita di macchine nuove, anche del servizio di assistenza postvendita. Per misurare la forza commerciale dei Concessionari è fondamentale assegnare loro un'area geografica di competenza e una gamma prodotto da distribuire. Ad esempio, il Concessionario Sempronio responsabile della distribuzione dei prodotti di un brand nella regione Piemonte viene misurato su una quota di mercato data da:

$$SoM_{Sempronio} = \frac{Units_{Sempronio}}{TIV_{Piemonte}}$$

Che cosa accade, invece, quando sullo stesso territorio di competenza esistono due Concessionari ai quali è stato fornito un mandato di vendita non esclusivo? Di solito ciò si verifica in zone ad alta densità di TIV, dove un solo Concessionario potrebbe non essere sufficiente a sfruttare tutte le potenzialità del mercato; è evidente, però, che i Concessionari che operano in queste condizioni sono soggetti ad una maggiore pressione in quanto, oltre alla concorrenza degli altri brand, devono fronteggiare anche quella intrabrand. In questo caso, per misurare la forza commerciale relativa dei Concessionari non operanti in esclusiva sul medesimo territorio, è importante ripartire il Retail TIV di competenza tra di loro; per cui, ad esempio, per i Concessionari Tizio e Caio responsabili della distribuzione dei prodotti di un brand nella regione Lombardia, le quote di mercato vengono misurate così:

$$SoM_{Tizio} = \frac{Units_{Tizio}}{TIV_{Lombardia} * \frac{Salesmen_{Tizio}}{Salesmen_{Tizio} + Salesmen_{Caio}}}$$

$$SoM_{Caio} = \frac{Units_{Caio}}{TIV_{Lombardia} * \frac{Salesmen_{Caio}}{Salesmen_{Tizio} + Salesmen_{Caio}}}$$

dove $Salesmen_{Tizio}$ e $Salesmen_{Caio}$ sono il numero di venditori che operano in zona rispettivamente per i Concessionari Tizio e Caio.

Quest'operazione è necessaria per due ragioni:

- alleggerire la responsabilità dei Concessionari che lavorano in concorrenza intrabrand;

- responsabilizzare di più i Concessionari che, trovandosi ad agire in tali condizioni, possono vantare una forza vendita maggiore e, quindi, una migliore copertura del territorio.

1.5 Quando definire un Concessionario "under-performing"

A volte non è facile trovare un criterio oggettivo di valutazione delle performance del Concessionario. Molto spesso, ci si sofferma a esaminare quelle commerciali sottovalutando aspetti critici come la solidità finanziaria o la capacità di dare continuità al business nel tempo.

Limitandoci per il momento ad analizzare le sole performance commerciali, il metodo di valutazione più diffuso è sicuramente la SoM. Si può prendere in esame la SoM di un Concessionario rispetto ad una media (ad esempio la SoM media nazionale) o rispetto ad un obiettivo di budget: in questo modo, però, si fa una fotografia statica che non tiene conto di come il Concessionario abbia performato nel tempo e quale sia il suo trend rispetto all'anno precedente e/o a quello del mercato.

Qui di seguito vengono proposti due metodi per valutare le performance commerciali. Descriviamo alcuni parametri che utilizzeremo per definire i criteri di under-performance:

- SoM_D^{YTD} = quota di mercato del Concessionario nel periodo YTD dell'anno in corso;
- SoM_D^{YTD-1} = quota di mercato del Concessionario nel periodo YTD dell'anno precedente;

- SoM_N^{YTD} = quota di mercato media nazionale <u>sul territorio coperto</u> nel periodo YTD dell'anno in corso;

- SoM_N^{YTD-1} = quota di mercato media nazionale <u>sul territorio coperto</u> nel periodo YTD dell'anno precedente.

È molto importante, quando si utilizza la quota di mercato media nazionale come benchmark, limitarsi al solo territorio coperto dai Concessionari, altrimenti si rischia di falsare il riferimento prendendo in considerazione aree che, di fatto, non possono contribuire efficacemente ai risultati del brand.

Di solito le performance del Concessionario vengono misurate su base trimestrale, per cui il periodo YTD (Year-To-Date) corrisponde a YTD marzo, YTD giugno, ecc.

1.5.1 Il primo metodo di "under-performance"

Si definisce un Concessionario under-performing quando:

$$SoM_D^{YTD} < k_1 * SoM_N^{YTD} \quad OR \quad \frac{SoM_D^{YTD}}{SoM_D^{YTD-1}} < k_2 * \frac{SoM_N^{YTD}}{SoM_N^{YTD-1}}$$

ipotizzando, a titolo di esempio, k_1 = 85% e k_2 = 95%.

Con queste due disequazioni, in apparenza un po' complicate, consideriamo un Concessionario under-performing quando la sua SoM è inferiore all'85% della media nazionale sul territorio coperto, o quando il suo trend di crescita SoM, rispetto all'anno precedente, è inferiore al 95% di quello della media nazionale sul territorio coperto.

L'utilizzo di tale metodo nella valutazione dell'under-performance permette di:

- classificare come under-performing tutti i Concessionari che non raggiungono una determinata soglia di SoM (quadranti III e IV dello schema in Figura 1-3);

- anticipare problemi che possono verificarsi su Concessionari con una SoM che, pur restando superiore alla soglia di allarme, va via via riducendosi (quadrante II dello schema in Figura 1-3). Un tipico esempio è dato dalla perdita di focus sul brand Construction Equipment in favore di altri mandati relativi a brand complementari al core business (pavimentazioni stradali, frantoi e vagli, ecc.) che possono essere subentrati nel frattempo.

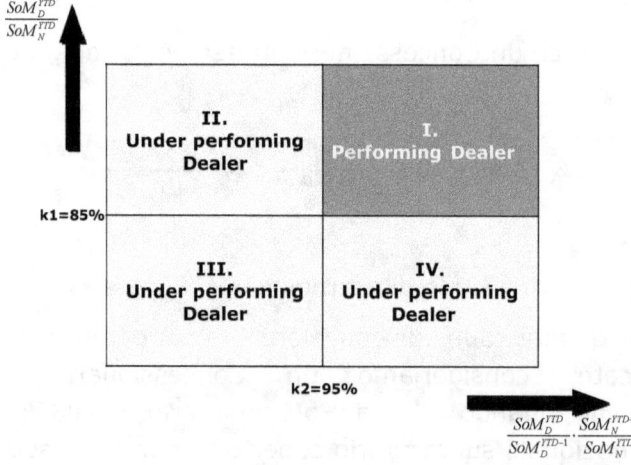

Figura 1-3

1.5.2 Il secondo metodo di "under-performance"

Si definisce un Concessionario under-performing quando:

$$SoM_D^{YTD} < k_1 * SoM_N^{YTD} \quad AND \quad SoM_D^{YTD} < k_2 * SoM_D^{YTD-1}$$

ipotizzando, a titolo di esempio, k_1 = 95% e k_2 = 110%.

Consideriamo un Concessionario under-performing quando la sua SoM è inferiore al 95% della media nazionale sul territorio coperto, ed è inferiore al 110% di quella ottenuta nell'anno precedente.

L'utilizzo di tale metodo nella valutazione dell'under-performance permette di:

- classificare come performing tutti i Concessionari che raggiungono una determinata soglia di SoM (quadranti I e II dello schema in Figura 1-4);

- escludere automaticamente dalla lista dei Concessionari under-performing tutti coloro che, pur avendo una quota di mercato ritenuta non sufficiente, stanno dimostrando una crescita significativa delle proprie performance rispetto all'anno precedente (quadrante IV dello schema in Figura 1-4). È questo il caso, ad esempio, di Concessionari appena nominati o in "cura" per under-performance.

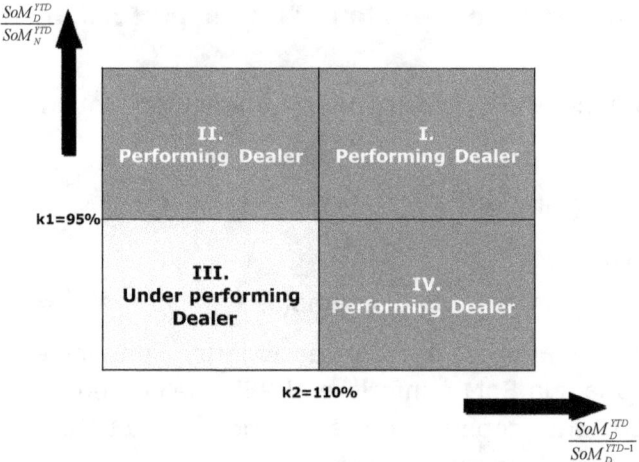

Figura 1-4

1.6 L'identificazione delle aree di mercato a maggior potenziale

Spesso viene richiesto di identificare le aree a maggior potenziale di un mercato/regione per meglio indirizzare le azioni di Dealer Development. Ad esempio, volendo riferirsi ai cinque mercati più importanti in Europa (Germania, Francia, UK, Italia, Spagna), ci poniamo il problema di voler identificare i Concessionari under-performing o gli Open Point (territori non coperti da Concessionario, sufficientemente densi di TIV da giustificarne la ricerca e la nomina) più importanti su cui concentrare gli sforzi di sviluppo della rete.

L'indicatore che deve essere preso in considerazione è il Potential Recovery Volume definito come segue:

$$Potential\ Recovery\ Volume_{Area}$$
$$= \begin{cases} TIV_{Area}^{YTD} * (SoM_N^{YTD} - SoM_{Area}^{YTD}); & SoM_{Area}^{YTD} < SoM_N^{YTD} \\ 0; & SoM_{Area}^{YTD} \geq SoM_N^{YTD} \\ 0; & New\ Appointment \end{cases}$$

dove:

- TIV_{Area}^{YTD} = numero complessivo di macchine nuove vendute a cliente finale nel periodo YTD nel territorio di competenza del Concessionario, ovvero nell'Open Point;

- SoM_N^{YTD} = quota di mercato media nazionale <u>sul territorio coperto</u> nel periodo YTD;

- SoM_{Area}^{YTD} = quota di mercato sul territorio nel periodo YTD;

- New Appointment = rappresenta i casi in cui un Open Point è stato coperto con la nomina di un Concessionario che si trova ancora in fase di ramp-up, durante la quale è concesso che le sue performance siano sotto la media nazionale sul territorio coperto.

Per capire come identificare le cinque aree di mercato a maggior potenziale di sviluppo in Europa, proviamo a lavorare con un esempio pratico descritto dalla figura seguente:

Market	Area	TIV$_{Area}$	SoM$_N$	SoM$_{Area}$	Potential Recovery Volume	Type of coverage
France	FR01	1.000	3,0%	2,0%	10	Under-performing Dealer
France	FR02	700	3,0%	1,0%	14	Under-performing Dealer
Germany	*DE01*	*800*	*2,0%*	*0,0%*	*16*	*Open Point*
Germany	DE02	600	2,0%	3,0%	0	Performing Dealer
Germany	DE03	1.600	2,0%	1,5%	8	Under-performing Dealer
Italy	IT01	850	9,0%	9,5%	0	Performing Dealer
Italy	*IT02*	*400*	*9,0%*	*0,0%*	*36*	*Open Point*
Italy	IT03	1.200	9,0%	8,1%	0	New Appointment
Spain	ES01	350	8,0%	0,0%	28	Open Point
Spain	ES02	500	8,0%	6,4%	0	New Appointment
UK	GB01	1.200	5,0%	4,5%	0	New Appointment
UK	GB02	700	5,0%	0,0%	35	Open Point
UK	GB03	750	5,0%	3,0%	15	Under-performing Dealer

Figura 1-5

Ordinando la tabella qui sopra per Potential Recovery Volume decrescente, si ottiene il ranking delle aree a maggior potenziale. È interessante notare che, nel caso in esempio, l'area IT02 ha un Potential Recovery Volume più che doppio rispetto a quello dell'area DE01, pur avendo un TIV pari alla metà: per cui, nell'identificazione delle aree a maggior potenziale di sviluppo, va posta la giusta attenzione alla capacità di generare una certa quota di mercato, senza limitarsi a osservare esclusivamente la densità del TIV. L'ordine di priorità con cui indirizzare le risorse del Dealer Development, al fine di ottenere il miglior ritorno dell'investimento nel breve periodo, è quello dettato dal Potential Recovery Volume descritto nella tabella seguente:

Rank	Market	Area	TIV$_{Area}$	SoM$_N$	SoM$_{Area}$	Potential Recovery Volume	Type of coverage
1	Italy	IT02	400	9,0%	0,0%	36	Open Point
2	UK	GB02	700	5,0%	0,0%	35	Open Point
3	Spain	ES01	350	8,0%	0,0%	28	Open Point
4	Germany	DE01	800	2,0%	0,0%	16	Open Point
5	UK	GB03	750	5,0%	3,0%	15	Under-performing Dealer
6	France	FR02	700	3,0%	1,0%	14	Under-performing Dealer
7	France	FR01	1.000	3,0%	2,0%	10	Under-performing Dealer
8	Germany	DE03	1.600	2,0%	1,5%	8	Under-performing Dealer
	Italy	IT03	1.200	9,0%	8,1%	0	New Appointment
	Spain	ES02	500	8,0%	6,4%	0	New Appointment
	UK	GB01	1.200	5,0%	4,5%	0	New Appointment
	Germany	DE02	600	2,0%	3,0%	0	Performing Dealer
	Italy	IT01	850	9,0%	9,5%	0	Performing Dealer

Figura 1-6

2 La solidità finanziaria del Concessionario

Il bilancio d'esercizio è il documento che sintetizza tutte le operazioni compiute da un'azienda nell'arco dell'esercizio amministrativo: rappresenta la situazione patrimoniale e il risultato economico. Esso si compone di:

- stato patrimoniale;
- conto economico;
- nota integrativa.

Il bilancio d'esercizio è di solito accompagnato anche da una relazione di gestione e da un rendiconto finanziario che illustra la dinamica dei flussi di cassa.

Di tutti questi elementi, i più importanti sono lo stato patrimoniale e il conto economico che analizziamo in questo capitolo.

2.1 Lo stato patrimoniale e la riclassificazione gestionale

Lo stato patrimoniale è la rappresentazione puntuale del patrimonio di un'azienda a una certa data (generalmente alla data di chiusura dell'esercizio): mette in evidenza le fonti di finanziamento interne (patrimonio netto) ed esterne (passività) a disposizione della società, e gli impieghi delle stesse (attività). Può essere schematizzato come segue:

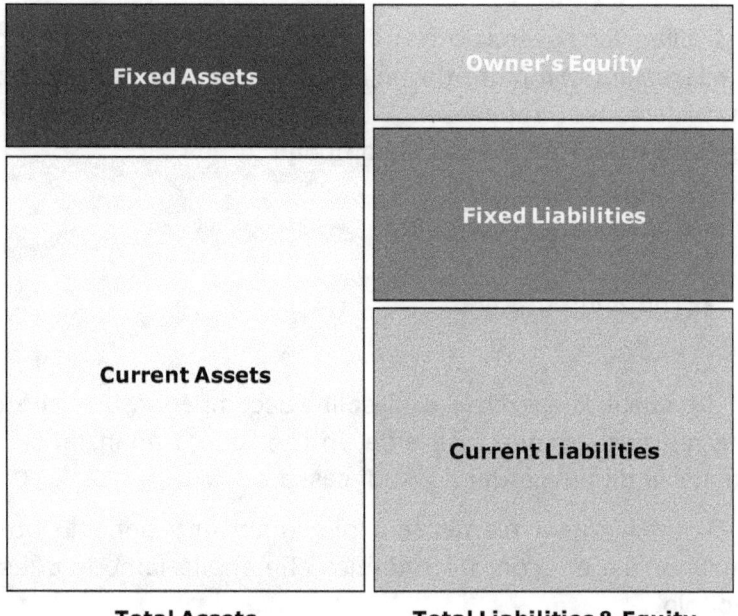

Total Assets   Total Liabilities & Equity

Figura 2-1

La riclassificazione secondo il criterio di pertinenza gestionale è l'operazione con cui si trasferiscono alcune voci dell'attivo nel passivo con segno opposto e viceversa, al fine di ottenere un "Totale Attivo Riclassificato" e un "Totale Passivo Riclassificato".

Ad esempio, nel caso riportato qui sotto, abbiamo operato una riclassificazione gestionale spostando il Passivo Circolante da destra a sinistra:

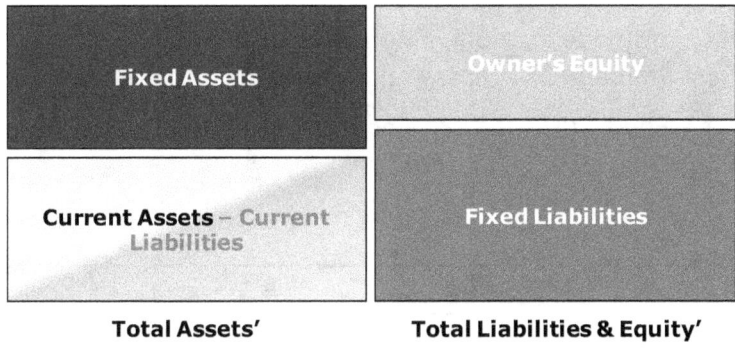

Figura 2-2

Condizione necessaria ma non sufficiente, perché uno stato patrimoniale possa dirsi equilibrato, è che:

Current Assets − Current Liabilities > 0

$⇒$ *Current Assets* $>$ *Current Liabilities*

Pertanto, riclassificando in modo che a sinistra dello stato patrimoniale resti soltanto Attivo Circolante meno Passivo Circolante, si ottiene che:

$$Owner's\ Equity + Fixed\ Liabilities - Fixed\ Assets > 0$$

$$\Rightarrow Owner's\ Equity + Fixed\ Liabilities > Fixed\ Assets$$

Consideriamo ora una schematizzazione dello stato patrimoniale un po' più dettagliata e operiamo una riclassificazione gestionale di:

- Immobilizzazioni Finanziarie e Disponibilità Liquide Immediate (Cassa e Banche) delle attività;

- Fondi (TFR, Altri Fondi) e Debiti Operativi delle passività.

Financial Accounting Balance Sheet

Fixed Assets	Tangible Assets	€ 707.123			Owner's Equity	Share Capital	€ 520.000	
	Intangible Assets	€ 586.906	€ 1.294.029			Reserves	€ 64.843	€ 1.035.223
	Shareholding	€ -				Retained Earnings	€ 337.785	
Current Assets	Stock	€ 2.108.077				Net Income	€ 112.595	
	Debtors	€ 1.662.561	€ 3.882.086		Fixed Liabilities	Severance & Other Funds	€ 557.240	€ 1.367.973
	Cash on hand & Banks	€ 111.448				Medium&Long-term Debt	€ 810.733	
					Current Liabilities	Short-term Debt	€ 473.916	€ 2.772.918
						Creditors	€ 2.299.002	

Total Assets	**€ 5.176.114**	**Total Liabilities & Owner's Equity**	**€ 5.176.114**

Management Accounting Balance Sheet

Net Fixed Assets	Tangible Assets	€ 707.123	€ 1.294.029		Owner's Equity (E)	Share Capital	€ 520.000	
	Intangible Assets	€ 586.906				Reserves	€ 64.843	€ 1.035.223
Trade Working Capital	Stock	€ 2.108.077	€ 1.471.635			Retained Earnings	€ 337.785	
	Debtors	€ 1.662.561				Net Income	€ 112.595	
	Creditors	-€ 2.299.002			Net Debt (D)	Medium&Long-term Debt	€ 810.733	€ 1.173.201
Provisions	Severance & Other Funds	-€ 557.240	-€ 557.240			Short-term Debt	€ 473.916	
						Shareholding	€ -	
						Cash on hand & Banks	-€ 111.448	

Invested Capital	**€ 2.208.424**	**Funding Sources**	**€ 2.208.424**

Figura 2-3

Così facendo, otteniamo lo stato patrimoniale gestionale dal quale si ricavano il Capitale Investito Netto (Invested Capital) e la Posizione Finanziaria Netta (Net Debt) che utilizzeremo rispettivamente per la definizione del RoI (indice della redditività operativa) e della Leva Finanziaria (indice della redditività finanziaria).

Invested Capital
$$= Net\ Fixed\ Assets + Trade\ Working\ Capital$$
$$- Provisions$$

$$Net\ Debt = Invested\ Capital - Owner's\ Equity$$

2.2 Il conto economico e la riclassificazione gestionale

Il conto economico viene redatto in forma scalare e descrive la capacità di una società di generare utile in un intervallo di tempo (generalmente l'intero esercizio di un anno). L'utile d'esercizio misura la variazione, positiva o negativa, subita dal patrimonio netto e quindi dalla ricchezza netta dell'azienda per effetto della gestione, fatte salve le conseguenze derivanti da variazioni di capitale e le eventuali distribuzioni di utili o di riserve.

Il conto economico civilistico può essere riclassificato per ottenere quello economico gestionale. Tale operazione avviene identificando i costi per destinazione, invece che per natura.

La classificazione dei costi per natura (conto economico civilistico) li evidenzia in base alla ragione economica: costo dei consumi, dei servizi, del personale, gli ammortamenti, ecc.

La classificazione dei costi per destinazione (conto economico gestionale) li rileva in base alla funzione aziendale a cui essi si riferiscono: costo del venduto, spese commerciali, amministrative, generali, ecc.

Il conto economico gestionale può essere schematizzato come segue:

Gestione Caratteristica	**Fatturato Netto (Net Sales)**
	Costo del Venduto (Cost of Goods Sold)
	Margine Lordo (Gross Profit)
	Spese Commerciali Variabili (Variable Selling Cost)
	Margine di Contribuzione (Contribution Profit)
	Spese Commerciali Fisse (Fixed Selling Cost)
	Spese Amministrative (Administrative Cost)
	Margine Commerciale (Department Profit)
	Spese Generali (General Expenses)
	Utile Operativo (EBIT)
Gestione Finanziaria	Saldo Gestione Finanziaria (Interest)
Gestione Straordinaria	Saldo Gestione Straordinaria (Other Income/Expenses)
	Risultato Ante Imposte (EBT)
Gestione Tributaria	Imposte sul reddito (Taxes)
	Utile Netto (Net Income)

Figura 2-4

2.3 Gli indici di bilancio

2.3.1 Gli indici di struttura

Indice di Autonomia Finanziaria (Owner's Equity Ratio)

L'Indice di Autonomia Finanziaria misura il grado di solidità patrimoniale di un'azienda ed evidenzia l'equilibrio tra le diverse fonti di finanziamento. Molto spesso viene utilizzato nell'ambito della definizione del merito creditizio.

$$Owner's\ Equity\ Ratio = \frac{Owner's\ Equity}{Total\ Assets} * 100$$

I valori di riferimento sono i seguenti:

- Ottimo ⇒ Owner's Equity Ratio ≥ 25%
- Buono ⇒ 20% ≤ Owner's Equity Ratio < 25%
- Sufficiente ⇒ 15% ≤ Owner's Equity Ratio < 20%
- Critico ⇒ Owner's Equity Ratio < 15%

Indice di Copertura delle Immobilizzazioni (Fixed Asset Coverage)

L'Indice di Copertura delle Immobilizzazioni mette in relazione fonti interne di finanziamento con le attività immobilizzate. Si misura il livello di solidità di un'azienda in ragione di quanto le immobilizzazioni tecniche e finanziarie sono "coperte" appunto da capitale proprio. Se tale indice assume un valore uguale o maggiore di 1, significa che il capitale proprio finanzia completamente gli investimenti immobilizzati; se assume un valore inferiore a 1, allora l'impresa fa ricorso anche a fonti esterne. Quest'ultimo caso non necessariamente riflette una situazione negativa, purché ciò avvenga con indebitamento a medio-lungo termine.

$$Fixed\ Asset\ Coverage = \frac{Owner's\ Equity}{Fixed\ Assets}$$

I valori di riferimento sono i seguenti:

- Ottimo ⇒ Fixed Asset Coverage ≥ 1,0
- Buono ⇒ 0,8 ≤ Fixed Asset Coverage < 1,0
- Sufficiente ⇒ 0,6 ≤ Fixed Asset Coverage < 0,8

- Critico $\Rightarrow$ Fixed Asset Coverage < 0,6

Gearing Ratio (D/E Ratio)

Il Gearing Ratio permette di determinare quante volte il capitale di terzi finanziatori (debito oneroso al netto delle liquidità immediate e delle immobilizzazioni finanziarie) è superiore rispetto ai mezzi propri; attraverso questo indice è possibile valutare quanto l'azienda sia esposta al rischio e, quindi, alla probabilità di *default*: più l'azienda è indebitata, maggiore è il rischio.

$$Gearing\ Ratio = \frac{D}{E} = \frac{Net\ Debt}{Owner's\ Equity}$$

2.3.2 Gli indici di redditività

Leva Finanziaria (Leverage)

La Leva Finanziaria misura la redditività della gestione non caratteristica.

$$Leverage = \left(1 + \frac{D}{E}\right) * \frac{Net\ Income}{Operating\ Profit}$$

I valori di riferimento sono i seguenti:

- Ottimo $\Rightarrow$ Leverage $\geq$ 0,8
- Buono $\Rightarrow$ Leverage $\geq$ 0,6

Indice di Copertura degli Oneri Finanziari (Interest Coverage Ratio)

L'Indice di Copertura degli Oneri Finanziari rappresenta la parte di reddito operativo della gestione caratteristica disponibile per coprire gli interessi passivi dei finanziamenti a titolo oneroso.

$$Interest\ Coverage\ Ratio = \frac{Operating\ Profit}{Interest}$$

I valori di riferimento sono i seguenti:

- Ottimo ⇒ Interest Coverage Ratio > 5,0
- Buono ⇒ 2,0 < Interest Coverage Ratio ≤ 5,0
- Sufficiente ⇒ 1,5 < Interest Coverage Ratio ≤ 2,0
- Critico ⇒ Interest Coverage Ratio ≤ 1,5

Return on Debt (RoD)

Il RoD misura il costo medio dei debiti aziendali rapportato alla Posizione Finanziaria Netta. Comparato al RoI, fornisce indicazioni sugli effetti dell'indebitamento.

$$RoD = \frac{Interest}{Net\ Debt} * 100$$

Return on Investment (RoI)

Il RoI è l'indice della redditività operativa: rileva la capacità dell'attività tipica dell'azienda ad attrarre capitale (proprio e di credito) ed è espressione della politica industriale dell'azienda (acquisti, produzione, vendite, distribuzione, ecc.). È il rapporto tra reddito operativo e capitale investito nella gestione caratteristica (senza, cioè, considerare il capitale investito nelle aree atipiche e le scorte liquide). Perché sia soddisfacente, deve essere superiore al RoD.

$$RoI = \frac{Operating\ Profit}{Invested\ Capital} * 100$$

In letteratura spesso si trova una versione del RoI, al netto delle imposte, chiamata RoIC (Return on Invested Capital), data dalla seguente formula:

$$RoIC = RoI * (1 - IRES\%)$$

dove IRES% rappresenta l'aliquota d'imposta IRES.

Si definisce che un'azienda crea valore aggiunto quando il suo EVA (Economic Value Added) è maggiore di zero.

$$EVA = (RoIC - WACC) * Invested\ Capital$$

Di conseguenza, perché il RoIC sia soddisfacente, deve essere superiore al WACC (Weighted Average Cost of Capital).

Return on Equity (RoE)

Il RoE evidenzia la redditività delle diverse gestioni aziendali rispetto al capitale di rischio, ovvero l'investimento effettuato dai soci dell'azienda. Il suo valore dovrebbe essere confrontato con il rendimento di investimenti alternativi in modo da comprendere se risulti conveniente investire nell'azienda. In questo senso il RoE misura la capacità dell'azienda di attrarre capitale di rischio.

$$RoE = \frac{Net\ Income}{Owner's\ Equity} * 100$$

Si può dimostrare che valgono le seguenti equazioni:

$$RoE = RoI * Leverage$$

$$RoE = \left[RoI + \frac{D}{E} * (RoI - RoD)\right] * (1 - Tax\%)$$

dove Tax% rappresenta l'aliquota d'imposta totale (IRAP e IRES). Perciò abbiamo:

$$Leverage > 1 \Rightarrow RoE > RoI$$

$$RoI > RoD \Rightarrow RoE > RoI * (1 - Tax\%)$$

Finché la differenza fra redditività del capitale investito (RoI) e costo del capitale di terzi (RoD) rimane positiva, il ricorso a finanziamenti esterni è conveniente poiché aumenta il RoE ottenibile e, di conseguenza, le risorse interne reinvestibili nell'attività. Tuttavia l'indebitamento (D) non deve superare il livello oltre il quale il valore negativo della suddetta differenza ridurrebbe la redditività prodotta.

I valori di riferimento sono i seguenti:

- Ottimo ⇒ RoE ≥ 8% + tasso di inflazione
- Buono ⇒ RoE ≥ 5% + tasso di inflazione

Return on Assets (RoA)

A differenza del RoI, che esprime la redditività della sola gestione caratteristica, il RoA considera la redditività del capitale investito totale (Totale Attivo) includendo il contributo di tutte le attività dell'azienda. Esso segnala dunque la capacità dell'impresa di far fruttare le risorse a disposizione attraverso l'attività caratteristica, la gestione finanziaria e i redditi atipici.

$$RoA = \frac{Net\ Income}{Total\ Assets} * 100$$

2.3.3 Gli indici di liquidità

Indice di Disponibilità (Current Ratio)

L'Indice di Disponibilità evidenzia l'attitudine dell'impresa a far fronte agli impegni a breve per mezzo delle attività correnti (comprese le scorte di magazzino).

$$Current\ Ratio = \frac{Current\ Assets}{Current\ Liabilities}$$

I valori di riferimento sono i seguenti:

- Ottimo ⇒ Current Ratio ≥ 1,6
- Buono ⇒ 1,4 ≤ Current Ratio < 1,6
- Sufficiente ⇒ 1,2 ≤ Current Ratio < 1,4
- Critico ⇒ Current Ratio < 1,2

Indice di Liquidità (Quick Ratio o Acid Test)

L'Indice di Liquidità rispecchia la capacità dell'impresa a svolgere la gestione in condizioni di adeguata liquidità. Valori di molto inferiori all'unità sono un sintomo di potenziale insolvibilità dell'impresa.

$$Quick\ Ratio = \frac{Current\ Assets - Stock}{Current\ Liabilities}$$

I valori di riferimento sono i seguenti:

- Ottimo ⇒ Quick Ratio ≥ 0,7
- Buono ⇒ 0,6 ≤ Quick Ratio < 0,7
- Sufficiente ⇒ 0,5 ≤ Quick Ratio < 0,6
- Critico ⇒ Quick Ratio < 0,5

Indici di durata

Il numero di giorni medio per incassare i crediti è dato da:

$$Debtor\ Days = \frac{\frac{Avg.Debtors}{(1+VAT\%)}}{Net\ Sales} * 365$$

Il numero di giorni medio della giacenza di magazzino si ricava da:

$$Stock\ Days = \frac{Avg.Stock\ Value}{CoGS} * 365$$

Il numero di giorni medio per pagare i debiti è il risultato di:

$$Creditor\ Days = \frac{\frac{Avg.Creditors}{(1+VAT\%)}}{CoGS} * 365$$

Il numero di giorni medio per cui è necessario l'immobilizzo di liquidità atto a finanziare l'attività commerciale del Concessionario è:

$$Trade\ Working\ Capital\ Cycle\ Days$$
$$\cong Debtor\ Days + Stock\ Days - Creditor\ Days$$

I valori di riferimento sono i seguenti:

- Debtor Days ⇒ 30 ÷ 60 day
- Stock Days ⇒ 65 ÷ 95 day
- Creditor Days ⇒ 60 ÷ 90 day
- Trade Working Capital Cycle Days ⇒ 20 ÷ 60 day

2.3.4 Gli indici di produttività

Rotazione del Capitale Circolante Netto (Working Capital Turnover)

Il Capitale Circolante Netto rappresenta l'importo di liquidità necessario per finanziare l'attività di un'azienda.

$$Working\ Capital\ =\ Current\ Assets\ -\ Current\ Liabilities$$

La Rotazione del Capitale Circolante Netto rapporta il Fatturato annuo al Capitale Circolante Netto ed esprime l'efficienza finanziaria della gestione dell'impresa: l'obiettivo è di massimizzare tale indicatore sviluppando un piano economico-finanziario capace di ottimizzare le condizioni che regolano gli scambi di merce e i tempi di magazzinaggio in relazione ad un dato livello di attività.

$$Working\ Capital\ Turnover\ =\ \frac{Net\ Sales}{Working\ Capital}$$

I valori di riferimento sono i seguenti:

- Ottimo ⇒ Working Capital Turnover ≥ 18
- Buono ⇒ 10 ≤ Working Capital Turnover < 18
- Sufficiente ⇒ 6 ≤ Working Capital Turnover < 10
- Critico ⇒ Working Capital Turnover < 6

Fatturato pro capite (Net Sales per employee)

Il Fatturato pro capite rapporta il Fatturato complessivo dell'azienda al numero di persone impiegate. È definito dalla seguente formula:

$$Net\ Sales\ per\ employee = \frac{Net\ Sales}{Employees}$$

I valori di riferimento sono i seguenti:

- Venditore di macchine ⇒ 2.000 k€ (New&Used)
- Venditore di ricambi ⇒ 800 k€
- Meccanico ⇒ 150 k€ (Parts&Labour)

2.3.5 Gli indici di sviluppo

Tasso di Crescita del Fatturato (Net Sales Growth Rate)

Il Tasso di Crescita del Fatturato rileva la variazione del Fatturato da un anno all'altro. È definito da questa formula:

$$Net\ Sales\ Growth\ Rate = \frac{Net\ Sales_Y - Net\ Sales_{Y-1}}{Net\ Sales_{Y-1}} * 100$$

Perché la crescita del Fatturato sia sostenibile, è necessario che a un suo aumento corrisponda un aumento del Capitale Circolante Netto di almeno pari misura: si sostiene, così, il proporzionale incremento dei crediti commerciali e delle rimanenze di magazzino dovuti ad una attività operativa superiore. Di conseguenza, la condizione di equilibrio finanziario di breve periodo è data da:

$$\frac{Net\ Sales_Y - Net\ Sales_{Y-1}}{Net\ Sales_{Y-1}} = \frac{Working\ Capital_Y - Working\ Capital_{Y-1}}{Working\ Capital_{Y-1}}$$

Ricordando la tecnica della riclassificazione gestionale dello stato patrimoniale, il Capitale Circolante Netto può essere espresso come segue:

$$Working\ Capital = Owner's\ Equity + Fixed\ Liabilities - Fixed\ Assets$$

Per questo, a un aumento di Capitale Circolante Netto deve corrispondere un aumento del Patrimonio Netto o del Passivo Fisso (ipotizzando che l'Attivo Fisso resti costante nel breve periodo).

Tasso di Crescita del Capitale Investito (Total Asset Growth Rate)

Il Tasso di Crescita del Capitale Investito rileva la variazione del Totale Attivo da un anno all'altro. È definito dalla seguente formula:

$$Total\ Asset\ Growth\ Rate = \frac{Total\ Assets_Y - Total\ Assets_{Y-1}}{Total\ Assets_{Y-1}} * 100$$

Perché la crescita del Totale Attivo sia sostenibile, è necessario che a un aumento del Totale Attivo corrisponda un aumento del Patrimonio Netto di almeno pari misura: si evita, così, il deterioramento del rating creditizio che comporterebbe una lievitazione del costo del capitale di terzi finanziatori. Di conseguenza, la condizione di equilibrio finanziario di medio periodo è data da:

$$\frac{Total\ Assets_Y - Total\ Assets_{Y-1}}{Total\ Assets_{Y-1}} = \frac{Owner's\ Equity_Y - Owner's\ Equity_{Y-1}}{Owner's\ Equity_{Y-1}}$$

Un'azienda si trova in condizioni di autofinanziamento quando la crescita del fabbisogno di capitale non supera il risultato d'esercizio al netto degli utili distribuiti a soci.

2.4 Il modeling di uno stato patrimoniale equilibrato

Assumiamo che il conto economico del Concessionario oggetto di studio sia il seguente:

Income Statement

Net Sales	€	**11.144.807**	**100%**
Cost of Goods Sold (CoGS)	€	9.388.308	84,2%
Gross Profit	€	*1.756.499*	*15,8%*
Variable Selling Cost	€	144.882	1,3%
Contribution Profit	€	*1.611.616*	*14,5%*
Fixed Selling and Administrative Cost	€	746.949	6,7%
Department Profit	€	*864.667*	*7,8%*
General Expenses	€	557.240	5,0%
Operating Profit (EBIT)	€	*307.427*	*2,8%*
Interest	€	111.792	1,0%
Earnings Before Taxes (EBT)	€	*195.635*	*1,8%*
Taxes	€	83.040	0,7%
Net Income	€	*112.595*	*1,0%*
Selling, General and Administrative Expenses (SG&A)	€	*1.449.072*	*13,0%*
of which Fixed Cost	€	*1.304.190*	*11,7%*
Fixed Cost + Interest	€	*1.415.981*	*12,7%*

Figura 2-5

Vogliamo creare un modello di stato patrimoniale equilibrato che soddisfi le seguenti condizioni:

$$Working\ Capital\ Turnover = \frac{Net\ Sales}{Working\ Capital} = 10$$

$$Current\ Ratio = \frac{Current\ Assets}{Current\ Liabilities} = 1,4$$

$$Owner's\ Equity\ Ratio = \frac{Owner's\ Equity}{Total\ Assets} * 100 = 20\%$$

$$Fixed\ Asset\ Coverage = \frac{Owner's\ Equity}{Fixed\ Assets} = 0,8$$

sapendo che valgono i seguenti vincoli:

$$Fixed\ Assets + Current\ Assets$$
$$= Owner's\ Equity + Fixed\ Liabilities$$
$$+ Current\ Liabilities$$

$$Working\ Capital = Current\ Assets - Current\ Liabilities$$

$$Total\ Assets = Fixed\ Assets + Current\ Assets$$

Le equazioni qui sopra sono sufficienti a determinare le nostre incognite (Attivo Fisso, Attivo Circolante, Patrimonio Netto, Passivo Fisso e Passivo Circolante):

$$Current\ Assets = \frac{Net\ Sales}{Working\ Capital\ Turnover} * \frac{Current\ Ratio}{Current\ Ratio - 1}$$

$$Current\ Liabilities = \frac{Current\ Assets}{Current\ Ratio}$$

$$Fixed\ Assets = Current\ Assets$$
$$* \frac{Owner's\ Equity\ Ratio}{Fixed\ Asset\ Coverage - Owner's\ Equity\ Ratio}$$

$$Owner's\ Equity = Fixed\ Assets * Fixed\ Asset\ Coverage$$

$$Fixed\ Liabilities$$
$$= Fixed\ Assets + Current\ Assets - Owner's\ Equity$$
$$- Current\ Liabilities$$

Con l'aiuto di un foglio di lavoro excel si riesce facilmente ad ottenere il *dashboard* in Figura 2-6 che raccoglie tutti i principali indicatori economici e patrimoniali della Concessionaria.

Income Statement

Net Sales	€	11.144.807	100%
Cost of Goods Sold (CoGS)	€	9.388.308	84,2%
Gross Profit	€	*1.756.499*	*15,8%*
Variable Selling Cost	€	144.882	1,3%
Contribution Profit	€	*1.611.616*	*14,5%*
Fixed Selling and Administrative Cost	€	746.949	6,7%
Department Profit	€	*864.667*	*7,8%*
General Expenses	€	557.240	5,0%
Operating Profit (EBIT)	€	*307.427*	*2,8%*
Interest	€	111.792	1,0%
Earnings Before Taxes (EBT)	€	*195.635*	*1,8%*
Taxes	€	83.040	0,7%
Net Income	€	*112.595*	*1,0%*

Selling, General and Administrative Expenses (SG&A)	€	*1.449.072*	*13,0%*
of which Fixed Cost		*1.304.190*	*11,7%*
Fixed Cost + Interest		*1.415.981*	*12,7%*

Funding Ratios	Value	Benchmark
Owner's Equity Ratio	20%	20% ÷ 25%
Fixed Asset Coverage	0,8	0,8 ÷ 1,0
Gearing Ratio (D/E)	1,1	

Profitability Ratios	Value	Benchmark
Leverage	0,8	0,6 ÷ 0,8
Interest Coverage Ratio	2,75	2 ÷ 5
RoD	9,5%	< RoI
RoI	13,9%	> RoD
WACC	8,3%	< RoIC
RoIC	9,8%	> WACC
RoE	10,9%	> inflation rate + 5%
RoA	2,2%	

Liquidity Ratios	Value	Benchmark
Debtor Days	45	30 ÷ 60
Stock Days	82	65 ÷ 95
Creditor Days	74	60 ÷ 90
Working Capital	€ 1.109.167	
Current Ratio	1,4	1,4 ÷ 1,6
Quick Ratio (Acid Test)	0,6	0,6 ÷ 0,7

General Information

	Value	Benchmark
New Units Sold	90	
Nbr. of Employees	20	
Altman Z''-score	2,28	> 1,82
Risk Category (Z''-score)	B - Medium Risk	
Altman Z$_{FMI}$-score	10,16	> 6,41
Risk Category (Z$_{FMI}$-score)	A - Low Risk	
Break-even Point	€ 9.791.931	
Break-even Point / Net Sales	88%	
Company Value (Equity + Goodwill)	€ 1.622.129	

Productivity Ratios	Value	Benchmark
Net Sales per Employee	€ 550.000	500 k€ ÷ 600 k€
Net Sales per New Unit Sold	€ 123.831	
Trade Working Capital per New Unit Sold	€ 16.352	
Trade Working Capital Turnover	7,6	
Working Capital Turnover	10,0	10 ÷ 18
Owner's Equity Turnover	10,8	

Financial Accounting Balance Sheet

Fixed Assets	Tangible Assets	€	707.123				Share Capital	€	520.000	
	Intangible Assets	€	586.906	€ 1.294.029	Owner's	Reserves	€	64.843	
	Shareholding	€	*-*		Equity	Retained Earnings	€	337.785	€ 1.035.223
Current Assets	Stock	€	2.108.077			Net Income	€	112.595	
	Debtors	€	1.662.561	€ 3.882.086	Fixed	*Severance & Other Funds*	€	*557.240*	
	Cash on hand & Banks	€	*111.448*		Liabilities	Medium&Long-term Debt	€	810.733	€ 1.367.973
					Current	Short-term Debt	€	473.916	
					Liabilities	*Creditors*	€	*2.299.002*	€ 2.772.918

Total Assets	**€ 5.176.114**	

Total Liabilities & Owner's Equity	**€ 5.176.114**	

Management Accounting Balance Sheet

Net Fixed Assets	Tangible Assets	€	707.123	€ 1.294.029	Owner's	Share Capital	€	520.000	
	Intangible Assets	€	586.906		Equity	Reserves	€	64.843	
Trade	Stock	€	2.108.077		(E)	Retained Earnings	€	337.785	€ 1.035.223
Working	Debtors	€	1.662.561	€ 1.471.635		Net Income	€	112.595	
Capital	*Creditors*	-€	*2.299.002*			Medium&Long-term Debt	€	810.733	
Provisions	*Severance & Other Funds*	-€	*557.240*	-€ 557.240	Net Debt	Short-term Debt	€	473.916	
					(D)	*Shareholding*	€	*-*	€ 1.173.201
						Cash on hand & Banks	-€	*111.448*	

Invested Capital	**€ 2.208.424**	

Funding Sources	**€ 2.208.424**	

Figura 2-6

2.5 L'analisi del conto economico per dipartimenti

Il business del Concessionario è riconducibile a tre macro attività:

- Vendita;
- Postvendita;
- Altre attività complementari.

Le prime due possono a loro volta essere declinate in dipartimenti:

- vendita di macchine nuove, macchine usate e noleggio;
- vendita di ricambi e manodopera per l'assistenza.

Tutti i dipartimenti della Concessionaria sono importanti:

- la vendita del nuovo soddisfa la domanda del relativo mercato e contribuisce ad alimentare il parco macchine per l'attività di postvendita;
- il ritiro dell'usato è una leva importante per la vendita di macchine nuove e può essere utilizzato per completare la flotta noleggio; così facendo, l'usato in stock riesce a soddisfare meglio la domanda di mercato del noleggio e riduce, al tempo stesso, il proprio valore;
- il noleggio completa l'offerta di servizi del Concessionario incrementando, in maniera importante, la marginalità complessiva;

- il business dei ricambi contribuisce di più al risultato economico della Concessionaria e, dipendendo fortemente dal parco macchine esistente, è meno soggetto a brusche variazioni della domanda;

- il servizio di assistenza è un'attività imprescindibile per la fidelizzazione dei clienti e per garantire loro un supporto efficace; inoltre, l'officina veicola gran parte del fatturato ricambi ad alta marginalità.

Solo un contributo equilibrato di tutti i dipartimenti all'attività del Concessionario può garantire la sostenibilità del business nel tempo. Qui sotto viene riportata la schematizzazione di un conto economico per dipartimenti fino al margine commerciale (Departmental Profit) a cui sottrarre poi, in forma scalare, i costi non allocabili a ciascun dipartimento (spese generali, oneri finanziari e tasse) per giungere al risultato netto di gestione.

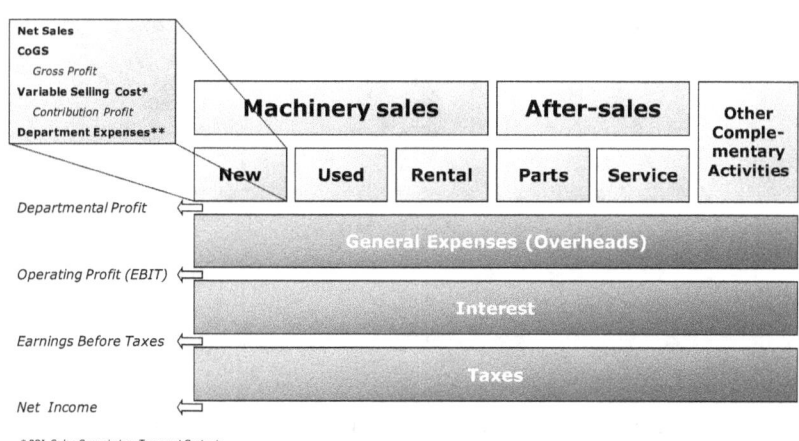

Figura 2-7

Ogni dipartimento contribuisce in modo diverso alla profittabilità del business e, soffermandosi alla semplice analisi dei bilanci civilistici, non è possibile ottenere il dettaglio delle performance economiche di ciascun dipartimento. Solo un reporting di controllo di gestione del Concessionario può fornire tali informazioni ad alto valore aggiunto e di vitale importanza per il successo sul lungo periodo.

Qui di seguito, viene rappresentato un modello di conto economico per dipartimenti da utilizzare come riferimento:

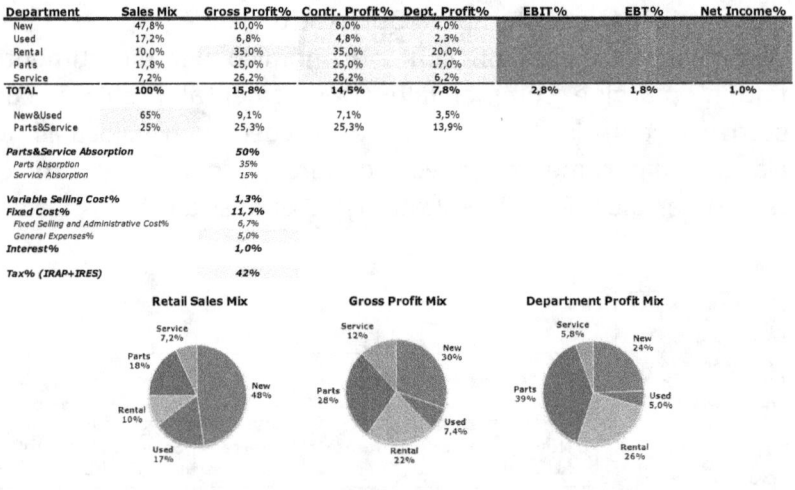

Department	Sales Mix	Gross Profit%	Contr. Profit%	Dept. Profit%	EBIT%	EBT%	Net Income%
New	47,8%	10,0%	8,0%	4,0%			
Used	17,2%	6,8%	4,8%	2,3%			
Rental	10,0%	35,0%	35,0%	20,0%			
Parts	17,8%	25,0%	25,0%	17,0%			
Service	7,2%	26,2%	26,2%	6,2%			
TOTAL	100%	15,8%	14,5%	7,8%	2,8%	1,8%	1,0%
New&Used	65%	9,1%	7,1%	3,5%			
Parts&Service	25%	25,3%	25,3%	13,9%			

Parts&Service Absorption	**50%**
Parts Absorption	*35%*
Service Absorption	*15%*
Variable Selling Cost%	**1,3%**
Fixed Cost%	**11,7%**
Fixed Selling and Administrative Cost%	*6,7%*
General Expenses%	*5,0%*
Interest%	**1,0%**
Tax% (IRAP+IRES)	**42%**

Retail Sales Mix　　　Gross Profit Mix　　　Department Profit Mix

Figura 2-8

2.5.1 Parts&Service Absorption

Un importante indicatore, per valutare l'equilibrio tra i profitti derivanti dall'attività del postvendita (Parts&Service) e i costi sostenuti da una Concessionaria, è il Parts&Service

Absorption. Misura la capacità del postvendita di coprire con il proprio margine lordo tutti i costi fissi e gli oneri finanziari.

$$Parts\&Service\ Absorption$$
$$= \frac{Parts\ Gross\ Profit + Service\ Gross\ Profit}{Fixed\ Cost + Interest} * 100$$

Parts&Service Absorption = 50% significa che, di tutti i costi fissi e gli oneri finanziari, il 50% è coperto dal margine lordo generato dall'attività di postvendita e il restante 50% deve essere coperto dal margine lordo derivante da altre attività (vendita di macchine nuove, macchine usate, noleggio, altro) perché l'EBT non sia negativo.

La vendita di macchine può variare di anno in anno molto più rapidamente del postvendita e, tanto maggiore è il Parts&Service Absorption tanto più la capacità del Concessionario di generare profitto è indipendente dalla domanda di mercato delle macchine.

Questo indicatore è molto influenzato da:

- parco macchine esistente sul territorio di competenza del Concessionario;

- capacità del servizio di assistenza nel fidelizzare i clienti soprattutto per gli interventi fuori garanzia;

- capacità dei venditori di ricambi nel promuovere i ricambi originali a officine autorizzate, ricambisti, noleggiatori, ecc.

I valori di riferimento sono i seguenti:

- Ottimo ⇒ Parts&Service Absorption ≥ 65%

- Buono ⇒ Parts&Service Absorption ≥ 50%

2.6 Prevedere le insolvenze con il modello Z-score di Altman

È un metodo semplice per valutare la solidità finanziaria di una società e predirne la possibilità eventuale di *default* nel giro di due anni. È utile per avere un'idea del merito creditizio da assegnare a una società.

$$Z\text{-}score = x_1 * T_1 + x_2 * T_2 + x_3 * T_3 + x_4 * T_4 + x_5 * T_5$$

dove le variabili T_i sono date da:

$$T_1 = \frac{Working\ Capital}{Total\ Assets} \Rightarrow Misura\ l'Equilibrio\ Finanziario$$

$$T_2 = \frac{Retained\ Earnings}{Total\ Assets} \Rightarrow Misura\ la\ Capacità\ di\ Autofinanziamento$$

$$T_3 = \frac{Operating\ Profit}{Total\ Assets} \Rightarrow Misura\ la\ Redditività$$

$$T_4 = \frac{Owner's\ Equity}{Fixed\ Liabilities + Current\ Liabilities} \Rightarrow Misura\ la\ Solvibilità$$

$$T_5 = \frac{Net\ Sales}{Total\ Assets} \Rightarrow Misura\ l'Utilizzo\ del\ Capitale$$

Nella figura seguente sono riassunti i parametri x_i e i valori limite della funzione Z-score secondo tre diverse applicazioni del modello previsionale:

	Manufacturing Private Company Z-score	Commercial Company Z"-score	Manufacturing Italian PMI Z_{PMI}-score
$x_1 =$	0,717	6,56	1,981
$x_2 =$	0,847	3,26	9,841
$x_3 =$	3,107	6,72	1,951
$x_4 =$	0,420	1,05	3,206
$x_5 =$	0,998	0,00	4,037
Low Risk of bankruptcy if Z-score greater than:	2,900	2,60	8,105
Medium Risk of bankruptcy if Z-score greater than:	2,145	1,82	6,410
High Risk of bankruptcy if Z-score greater than:	1,230	1,10	4,846
Critical Risk of bankruptcy if Z-score less equal than:	1,230	1,10	4,846

Figura 2-9

La funzione Z-score da utilizzare per un Concessionario è quella per le società commerciali, nota anche come Z"-score:

$$Z"\text{-}score = 6{,}56 * T_1 + 3{,}26 * T_2 + 6{,}72 * T_3 + 1{,}05 * T_4$$

I valori di riferimento sono i seguenti:

- Rating A-Low Risk $\Rightarrow$ Z"-score $> 2{,}60$

- Rating B-Medium Risk $\Rightarrow 1{,}82 <$ Z"-score $\leq 2{,}60$

- Rating C-High Risk $\Rightarrow 1{,}10 <$ Z"-score $\leq 1{,}82$

- Rating D-Critical $\Rightarrow$ Z"-score $\leq 1{,}10$

In alternativa, specificamente per un'azienda italiana appartenente al gruppo delle PMI[1], si può utilizzare la funzione Z_{PMI}-score data da:

$$Z_{PMI}\text{-}score = 1{,}981 * T_1 + 9{,}841 * T_2' + 1{,}951 * T_3 + 3{,}206 * T_4 + 4{,}037 * T_5$$

dove la variabile T_2' è data dalla seguente formula:

$$T_2' = \frac{Legal\ Reserves + Extraordinary\ Reserves}{Total\ Assets}$$

I valori di riferimento sono i seguenti:

- Rating A-Low Risk $\Rightarrow$ Z_{PMI}-score $> 8{,}105$
- Rating B-Medium Risk $\Rightarrow$ $6{,}410 <$ Z_{PMI}-score $\leq 8{,}105$
- Rating C-High Risk $\Rightarrow$ $4{,}846 <$ Z_{PMI}-score $\leq 6{,}410$
- Rating D-Critical $\Rightarrow$ Z_{PMI}-score $\leq 4{,}846$

---

[1] [Art. 2 del D.M. 18 aprile 2005]. La categoria delle PMI (Piccole e Medie Imprese) è costituita da imprese che hanno meno di 250 dipendenti a tempo pieno, e hanno un fatturato annuo non superiore a 50 M€, oppure un totale di bilancio annuo non superiore a 43 M€. Si definisce piccola impresa quella con meno di 50 dipendenti a tempo pieno, e con un fatturato annuo oppure un totale di bilancio annuo non superiore a 10 M€. Si definisce microimpresa quella che ha meno di 10 dipendenti a tempo pieno, e ha un fatturato annuo oppure un totale di bilancio annuo non superiore a 2 M€.

3 Il business plan e la sua sostenibilità finanziaria

La *mission* del Dealer Development è di rafforzare la distribuzione di un brand sul territorio attraverso la nomina di nuovi Concessionari, il miglioramento delle performance di quelli valutati under-performing ed, eventualmente, la loro sostituzione qualora non abbiano superato il periodo di "cura". In ogni caso, uno dei primi temi da affrontare è la definizione di un piano di crescita commerciale che sia sostenibile tanto per un nuovo Concessionario quanto per uno da sottoporre al programma di "cura".

Tipicamente l'orizzonte temporale da considerare per un nuovo Concessionario, affinché possa operare a regime, è di tre anni, mentre ci si aspettano tempi di ripresa più rapidi da un Concessionario in "cura" (al massimo due anni).

3.1 Come redigere un business plan

Il business plan è lo strumento con cui viene fatta la previsione del numero di macchine nuove che il Concessionario riuscirà a vendere nella zona di sua competenza. La figura seguente rappresenta un esempio di business plan, articolato su quattro anni (Y_1, Y_2, Y_3, Y_4) e basato sui dati di consuntivo Y_0:

	Y_0	Y_1	Y_2	Y_3	Y_4
Heavy Line TIV - Market	*2.500*	*2.375*	*2.625*	*2.875*	*3.125*
Compact Line TIV - Market	*7.500*	*7.125*	*7.875*	*8.625*	*9.375*
Total TIV - Market	**10.000**	**9.500**	**10.500**	**11.500**	**12.500**

	Y_0	Y_1	Y_2	Y_3	Y_4
Heavy Line TIV - Dealer Territory	174	165	183	200	218
Compact Line TIV - Dealer Territory	522	496	548	600	653
Total TIV - Dealer Territory	**696**	**661**	**731**	**800**	**870**
Heavy Line Units	26	17	23	30	36
Heavy Line Target SoM	*15,0%*	*10,5%*	*12,8%*	*15,0%*	*16,5%*
Compact Line Units	52	35	47	60	72
Compact Line Target SoM	*10,0%*	*7,0%*	*8,5%*	*10,0%*	*11,0%*
Total Units	**78**	**52**	**70**	**90**	**108**
Total Target SoM	***11,3%***	***7,9%***	***9,6%***	***11,2%***	***12,4%***
Machinery Wholesales		€ 2.745.000	€ 3.705.000	€ 4.800.000	€ 5.760.000
Parts Wholesales [% of Machinery Wholesales]	30%	€ 823.500	€ 1.111.500	€ 1.440.000	€ 1.728.000
Total Wholesales		€ 3.568.500	€ 4.816.500	€ 6.240.000	€ 7.488.000
TIV Trend		*95%*	*105%*	*115%*	*125%*
SoM Ramp-up		*70%*	*85%*	*100%*	*110%*

Figura 3-1

Descriviamo ora gli *step* logici per la stesura di un business plan.

1. **LA STIMA PREVISIONALE DEL TIV**. A partire dai dati di consuntivo del TIV sul territorio di competenza del Concessionario, stimiamone l'andamento per gli anni oggetto del business plan utilizzando le percentuali indicate alla riga "TIV Trend". Per comodità facciamo riferimento anche ai dati di TIV a livello di mercato, così che ci diano una guida per una migliore stima delle percentuali del "TIV Trend":

$$TIV_{HL_{Y_i}} = TIV\ Trend_{Y_i} * TIV_{HL_{Y_0}}; \quad i = 1, 2, 3, 4$$

$$TIV_{CL_{Y_i}} = TIV\ Trend_{Y_i} * TIV_{CL_{Y_0}}; \quad i = 1, 2, 3, 4$$

$$TIV_{Y_i} = TIV_{HL_{Y_i}} + TIV_{CL_{Y_i}}; \quad i = 1, 2, 3, 4$$

2. **LE TARGET SoM.** Assegniamo al Concessionario un obiettivo di SoM per la Heavy Line e uno per la Compact Line. Questi possono essere definiti secondo un target di budget o utilizzando le SoM medie nazionali sul territorio coperto:

$Target\ SoM_{HL} = 15\%$

$Target\ SoM_{CL} = 10\%$

3. **LA STIMA PREVISIONALE DELLE SoM.** Note le Target SoM, definiamo le SoM attese per ciascun anno oggetto del business plan, rispettivamente per Heavy e Compact Line, utilizzando le percentuali indicate alla riga "SoM Ramp-up". Nel caso in esame ipotizziamo il Concessionario a regime a partire dal terzo anno di attività:

$$SoM_{HL_{Y_i}} = SoM\ Ramp\text{-}up_{Y_i} * Target\ SoM_{HL}; \quad i = 1, 2, 3, 4$$

$$SoM_{CL_{Y_i}} = SoM\ Ramp\text{-}up_{Y_i} * Target\ SoM_{CL}; \quad i = 1, 2, 3, 4$$

4. **LA STIMA PREVISIONALE DEL NUMERO DI MACCHINE NUOVE VENDUTE.** Avendo stimato TIV e SoM per ciascun anno rispettivamente per Heavy e Compact Line, è semplice ottenere la previsione del

numero di macchine nuove che il Concessionario venderà ogni anno:

$$Units_{New\,HL_{Y_i}} = SoM_{HL_{Y_i}} * TIV_{HL_{Y_i}}; \quad i = 1,2,3,4$$

$$Units_{New\,CL_{Y_i}} = SoM_{CL_{Y_i}} * TIV_{CL_{Y_i}}; \quad i = 1,2,3,4$$

$$Units_{New_{Y_i}} = Units_{New\,HL_{Y_i}} + Units_{New\,CL_{Y_i}}; \quad i = 1,2,3,4$$

5. **IL BUDGET DI SELL-IN PER IL BUSINESS MACCHINE NUOVE.** Conoscendo i valori medi wholesale delle macchine Heavy e Compact Line, ricaviamo la stima del costo del venduto relativo alle macchine nuove:

$$Avg.Wholesale\,Value_{New\,HL} = 110\ k€/unit$$

$$Avg.Wholesale\,Value_{New\,CL} = 25\ k€/unit$$

$$CoGS_{New_{Y_i}} = Units_{New\,HL_{Y_i}} * Avg.Wholesale\,Value_{New\,HL} + Units_{New\,CL_{Y_i}}$$
$$* Avg.Wholesale\,Value_{New\,CL}; \quad i = 1,2,3,4$$

6. **IL BUDGET DI SELL-IN PER IL BUSINESS RICAMBI.** Infine, utilizzando una percentuale che va dal 20% al 30% del costo del venduto delle macchine nuove, è possibile stimare in maniera approssimativa quello dei ricambi:

$$CoGS_{Parts_{Y_i}} = 20\% \div 30\% * CoGS_{New_{Y_i}}; \quad i = 1,2,3,4$$

3.2 La gestione dell'usato

Una delle attività tipiche della Concessionaria è la gestione del ritiro dell'usato (trade-in). È molto frequente, infatti, che per vendere una macchina nuova sia necessario ritirare una usata. Definiamo il seguente indicatore:

$$Trade\text{-}in\ Ratio = \frac{Units_{Used}}{Units_{New}} * 100$$

I valori di riferimento sono i seguenti:

- Trade-in Ratio$_{Heavy\ Line}$ = 95%
- Trade-in Ratio$_{Compact\ Line}$ = 90%

Un altro utile indicatore, che permette di attribuire il valore retail a una macchina usata in funzione di quello di una nuova, è il seguente:

$$Trade\text{-}in\ Value\% = \frac{Avg.\,Retail\ Value_{Used}}{Avg.\,Retail\ Value_{New}} * 100$$

Nell'ipotesi che l'età media dell'usato ritirato sia di circa 6,5 anni per la Heavy Line e 5,5 anni per la Compact, otteniamo i seguenti valori di riferimento:

- Trade-in Value%$_{Heavy\ Line}$ = 35%
- Trade-in Value%$_{Compact\ Line}$ = 47%

Qui di seguito viene presentata una tabella generale, del tutto orientativa, utile nella stima del valore retail dell'usato:

Heavy Line

Month	Trade-in Value%	Month	Trade-in Value%	Month	Trade-in Value%	Month	Trade-in Value%	Month	Trade-in Value%	Month	Trade-in Value%	Month	Trade-in Value%
0	70,0%												
1	69,4%	13	62,2%	25	55,8%	37	50,1%	49	44,9%	61	40,3%	73	36,2%
2	68,7%	14	61,7%	26	55,3%	38	49,6%	50	44,5%	62	40,0%	74	35,9%
3	68,1%	15	61,1%	27	54,8%	39	49,2%	51	44,1%	63	39,6%	75	35,5%
4	67,5%	16	60,6%	28	54,3%	40	48,8%	52	43,7%	64	39,2%	76	35,2%
5	66,9%	17	60,0%	29	53,9%	41	48,3%	53	43,4%	65	38,9%	77	34,9%
6	66,3%	18	59,5%	30	53,4%	42	47,9%	54	43,0%	66	38,5%	78	34,6%
7	65,7%	19	59,0%	31	52,9%	43	47,5%	55	42,6%	67	38,2%	79	34,3%
8	65,1%	20	58,4%	32	52,4%	44	47,0%	56	42,2%	68	37,9%	80	34,0%
9	64,5%	21	57,9%	33	51,9%	45	46,6%	57	41,8%	69	37,5%	81	33,7%
10	63,9%	22	57,4%	34	51,5%	46	46,2%	58	41,4%	70	37,2%	82	33,4%
11	63,4%	23	56,9%	35	51,0%	47	45,8%	59	41,1%	71	36,8%	83	33,1%
12	62,8%	24	56,3%	36	50,6%	48	45,4%	60	40,7%	72	36,5%	84	32,8%

Compact Line

Month	Trade-in Value%	Month	Trade-in Value%	Month	Trade-in Value%	Month	Trade-in Value%	Month	Trade-in Value%	Month	Trade-in Value%	Month	Trade-in Value%
0	70,0%												
1	69,6%	13	64,7%	25	60,2%	37	56,0%	49	52,1%	61	48,5%	73	45,1%
2	69,2%	14	64,3%	26	59,9%	38	55,7%	50	51,8%	62	48,2%	74	44,8%
3	68,7%	15	64,0%	27	59,5%	39	55,4%	51	51,5%	63	47,9%	75	44,6%
4	68,3%	16	63,6%	28	59,1%	40	55,0%	52	51,2%	64	47,6%	76	44,3%
5	67,9%	17	63,2%	29	58,8%	41	54,7%	53	50,9%	65	47,3%	77	44,0%
6	67,5%	18	62,8%	30	58,4%	42	54,4%	54	50,6%	66	47,1%	78	43,8%
7	67,1%	19	62,4%	31	58,1%	43	54,0%	55	50,3%	67	46,8%	79	43,5%
8	66,7%	20	62,1%	32	57,7%	44	53,7%	56	50,0%	68	46,5%	80	43,3%
9	66,3%	21	61,7%	33	57,4%	45	53,4%	57	49,7%	69	46,2%	81	43,0%
10	65,9%	22	61,3%	34	57,0%	46	53,1%	58	49,4%	70	45,9%	82	42,7%
11	65,5%	23	61,0%	35	56,7%	47	52,8%	59	49,1%	71	45,7%	83	42,5%
12	65,1%	24	60,6%	36	56,4%	48	52,4%	60	48,8%	72	45,4%	84	42,2%

Figura 3-2

3.3 I venditori del Concessionario

Il venditore è una figura chiave della Concessionaria in quanto a lui è demandato il compito di presidiare la domanda di mercato nel territorio assegnato con il fine di generare un numero di vendite, quantitativamente e qualitativamente, adeguato alla sostenibilità del business. Dimensionare il numero di venditori della Concessionaria non sempre è facile e può dipendere da diverse variabili:

- estensione territoriale del mandato di vendita;

- infrastrutture presenti sul territorio per agevolare i collegamenti;

- esclusività del mandato di vendita;

- mix di vendita tra prodotti Heavy e Compact Line;

- tipologia dei venditori (dipendenti, agenti).

Certamente ogni considerazione utile a determinare il giusto numero di venditori del Concessionario non può prescindere dal calcolo del margine lordo che le vendite di ciascuno generano. La figura seguente mostra uno schema per la determinazione del margine lordo per venditore e propone un metodo per la definizione delle commissioni percentuali da garantirgli per la Heavy e la Compact Line:

	Full Line		Heavy Line		Compact Line
TIV mix	100%		25%		75%
SoM	11%		15%		10%
Units mix	100%		33%		67%
New Units per Salesman	**24**		**8**		**16**
TIV per Salesman	**213**		**53**		**160**
Trade-in Ratio	92%		95%		90%
Used Units per Salesman	22		8		14
New&Used Units per Salesman	**46**		**16**		**30**
New Avg. Wholesale Value	€ 53.333	€	110.000	€	25.000
New Gross Profit%	10%		9,0%		12%
New Avg. Retail Value	€ 59.232	€	120.879	€	28.409
Trade-in Value%	39%		35%		47%
Used Avg. Retail Value	€ 23.190	€	41.802	€	13.368
Used Gross Profit%	6,8%		6,0%		8,0%
Used Avg. Wholesale Value	€ 21.624	€	39.294	€	12.298
New Net Sales per Salesman	€ 1.421.578	€	967.033	€	454.545
Used Net Sales per Salesman	€ 510.188	€	317.693	€	192.495
New&Used Net Sales per Salesman	**€ 1.931.767**	**€**	**1.284.726**	**€**	**647.040**
New Gross Profit per Salesman	€ 141.578	€	87.033	€	54.545
Used Gross Profit per Salesman	€ 34.461	€	19.062	€	15.400
New&Used Gross Profit per Salesman	**€ 176.040**	**€**	**106.095**	**€**	**69.945**
New&Used Gross Profit%	9,1%		8,3%		11%
New Gross Profit per New Unit	€ 5.899	€	10.879	€	3.409
Used Gross Profit per Used Unit	€ 1.566	€	2.508	€	1.069
New&Used Gross Profit per New Unit	**€ 7.335**	**€**	**13.262**	**€**	**4.372**
New&Used Sales Commission Cost%			1,5%		
New&Used Sales Commission mix	100%		50%		50%
New&Used Sales Commissions per Salesman	€ 28.976	€	14.488	€	14.488
New&Used Sales Commissions per New Unit	€ 1.207	€	1.811	€	906
New&Used Sales Commission Base Amount per New Unit	**€ 60.668**	**€**	**123.262**	**€**	**29.372**
New&Used Sales Commission%	**2,0%**		**1,5%**		**3,1%**

Figura 3-3

Descriviamo ora gli *step* logici per la determinazione del margine lordo per venditore.

1. **IL NUMERO DI MACCHINE NUOVE PER VENDITORE**. Fissiamo il numero medio di macchine nuove che ci aspettiamo un venditore venda nell'arco di un anno in <u>24 unità</u> (2 macchine nuove al mese); a partire dal TIV mix e dalle quote di mercato, ricaviamo il numero di macchine Heavy e Compact Line per ciascun venditore:

$$Units_{New} = 24 \, unit/salesman$$

$$TIV \, mix_{HL} = 25\% \qquad\qquad TIV \, mix_{CL} = 75\%$$

$$SoM_{HL} = 15\% \qquad\qquad\quad SoM_{CL} = 10\%$$

$$Units \, mix_{HL} = \frac{TIV \, mix_{HL} * SoM_{HL}}{TIV \, mix_{HL} * SoM_{HL} + TIV \, mix_{CL} * SoM_{CL}} = 33\%$$

$$Units \, mix_{CL} = \frac{TIV \, mix_{CL} * SoM_{CL}}{TIV \, mix_{HL} * SoM_{HL} + TIV \, mix_{CL} * SoM_{CL}} = 67\%$$

$$Units_{New \, HL} = Units_{New} * Units \, mix_{HL} = 8 \, unit/salesman$$

$$Units_{New \, CL} = Units_{New} * Units \, mix_{CL} = 16 \, unit/salesman$$

2. **IL TIV PER VENDITORE**. Note le quote di mercato, possiamo calcolare il TIV di responsabilità di ciascun venditore:

$$TIV_{HL} = \frac{Units_{New\ HL}}{SoM_{HL}} = 53\ unit/salesman$$

$$TIV_{CL} = \frac{Units_{New\ CL}}{SoM_{CL}} = 160\ unit/salesman$$

$$TIV = TIV_{HL} + TIV_{CL} = 213\ unit/salesman$$

3. **IL NUMERO DI MACCHINE USATE PER VENDITORE**. Dal Trade-in Ratio, ricaviamo il numero di macchine usate che il venditore deve ritirare nel corso di un anno, per conto del Concessionario, e rivendere successivamente:

$$Trade\text{-}in\ Ratio_{HL} = 95\%$$

$$Trade\text{-}in\ Ratio_{CL} = 90\%$$

$$Units_{Used\ HL} = Trade\text{-}in\ Ratio_{HL} * Units_{New\ HL} = 8\ unit/salesman$$

$$Units_{Used\ CL} = Trade\text{-}in\ Ratio_{CL} * Units_{New\ CL} = 14\ unit/salesman$$

$$Units_{Used} = Units_{Used\ HL} + Units_{Used\ CL} = 22\ unit/salesman$$

4. **IL NUMERO TOTALE DI MACCHINE PER VENDITORE**. Ora siamo in grado di calcolare il numero di macchine (nuove e usate) che un venditore deve trattare in un anno:

$$Units_{New\&Used\ HL} = Units_{New\ HL} + Units_{Used\ HL} = 16\ unit/salesman$$

$$Units_{New\&Used\ CL} = Units_{New\ CL} + Units_{Used\ CL} = 30\ unit/salesman$$

$$Units_{New\&Used} = Units_{New\&Used\ HL} + Units_{New\&Used\ CL}$$
$$= 46\ unit/salesman$$

5. **IL VALORE RETAIL DELLE MACCHINE NUOVE.**
Dal valore wholesale e dal margine lordo percentuale delle macchine nuove, possiamo dedurne il valore retail:

$Avg. Wholesale Value_{New\ HL} = 110.000\ €/unit$

$Gross\ Profit\%_{New\ HL} = 9\%$

$Avg. Wholesale Value_{New\ CL} = 25.000\ €/unit$

$Gross\ Profit\%_{New\ CL} = 12\%$

$$Avg. Retail\ Value_{New\ HL} = \frac{Avg. Wholesale\ Value_{New\ HL}}{1 - Gross\ Profit\%_{New\ HL}} = 120.879\ €/unit$$

$$Avg. Retail\ Value_{New\ CL} = \frac{Avg. Wholesale\ Value_{New\ CL}}{1 - Gross\ Profit\%_{New\ CL}} = 28.409\ €/unit$$

6. **IL VALORE RETAIL DELLE MACCHINE USATE.**
Dal Trade-in Value%, otteniamo il valore retail dell'usato:

$Trade\text{-}in\ Value\%_{HL} = 35\%$

$Trade\text{-}in\ Value\%_{CL} = 47\%$

$$Avg. Retail\ Value_{Used\ HL} = Trade\text{-}in\ Value\%_{HL} * Avg. Retail\ Value_{New\ HL}$$
$$= 41.802\ €/unit$$

$$Avg. Retail\ Value_{Used\ CL} = Trade\text{-}in\ Value\%_{CL} * Avg. Retail\ Value_{New\ CL}$$
$$= 13.368\ €/unit$$

7. **IL VALORE WHOLESALE DELLE MACCHINE USATE.** Noto il margine lordo percentuale delle macchine usate, possiamo ricavarne il valore wholesale:

$$Gross\ Profit\%_{Used\ HL} = 6\%$$

$$Gross\ Profit\%_{Used\ CL} = 8\%$$

$$Avg.Wholesale\ Value_{Used\ HL}$$
$$= Avg.Retail\ Value_{Used\ HL}$$
$$* (1 - Gross\ Profit\%_{Used\ HL}) = 39.294\ €/unit$$

$$Avg.Wholesale\ Value_{Used\ CL}$$
$$= Avg.Retail\ Value_{Used\ CL}$$
$$* (1 - Gross\ Profit\%_{Used\ CL}) = 12.298\ €/unit$$

8. **IL FATTURATO TOTALE PER VENDITORE.** Moltiplicando i valori retail unitari rispettivamente per il numero di macchine nuove e usate, otteniamo il fatturato complessivo individuale:

$$Net\ Sales_{New\&Used\ HL}$$
$$= Units_{New\ HL} * Avg.Retail\ Value_{New\ HL} + Units_{Used\ HL}$$
$$* Avg.Retail\ Value_{Used\ HL} = 1.284.726\ €/salesman$$

$$Net\ Sales_{New\&Used\ CL}$$
$$= Units_{New\ CL} * Avg.Retail\ Value_{New\ CL} + Units_{Used\ CL}$$
$$* Avg.Retail\ Value_{Used\ CL} = 647.040\ €/salesman$$

$$Net\ Sales_{New\&Used} = Net\ Sales_{New\&Used\ HL} + Net\ Sales_{New\&Used\ CL}$$
$$= 1.931.767\ €/salesman$$

9. **IL MARGINE LORDO TOTALE PER VENDITORE**. Moltiplicando i margini lordi percentuali di macchine nuove e usate rispettivamente per il loro fatturato, abbiamo gli importi di margine lordo complessivo individuale:

$Gross\ Profit_{New\&Used\ HL}$
$$= Gross\ Profit\%_{New\ HL} * Net\ Sales_{New\ HL}$$
$$+ Gross\ Profit\%_{Used\ HL} * Net\ Sales_{Used\ HL}$$
$$= 106.095\ €/salesman$$

$Gross\ Profit_{New\&Used\ CL}$
$$= Gross\ Profit\%_{New\ CL} * Net\ Sales_{New\ CL}$$
$$+ Gross\ Profit\%_{Used\ CL} * Net\ Sales_{Used\ CL}$$
$$= 69.945\ €/salesman$$

$Gross\ Profit_{New\&Used}$
$$= Gross\ Profit_{New\&Used\ HL} + Gross\ Profit_{New\&Used\ CL}$$
$$= 176.040\ €/salesman$$

10. **IL MARGINE LORDO TOTALE PER MACCHINA NUOVA**. Dividendo il margine lordo complessivo per il numero di macchine nuove, ricaviamo il margine lordo generato da una macchina nuova al termine dell'intero ciclo di vendita:

$$Gross\ Profit_{New\&Used\ HL}\ per\ unit_{New\ HL} = \frac{Gross\ Profit_{New\&Used\ HL}}{Units_{New\ HL}}$$
$$= 13.262\ €/unit$$

$$Gross\ Profit_{New\&Used\ CL}\ per\ unit_{New\ CL} = \frac{Gross\ Profit_{New\&Used\ CL}}{Units_{New\ CL}}$$
$$= 4.372\ €/unit$$

$$Gross\ Profit_{New\&Used}\ per\ unit_{New} = \frac{Gross\ Profit_{New\&Used}}{Units_{New}}$$

$$= 7.335\ \text{€}/unit$$

3.3.1 Il numero adeguato di venditori

Siamo giunti a determinare tre grandezze importanti per la creazione di un modello che aiuti a stimare il giusto numero di venditori del Concessionario:

$$Gross\ Profit_{New\&Used} = 176.040\ \text{€}/salesman$$

$$Gross\ Profit_{New\&Used\ HL}\ per\ unit_{New\ HL} = 13.262\ \text{€}/unit$$

$$Gross\ Profit_{New\&Used\ CL}\ per\ unit_{New\ CL} = 4.372\ \text{€}/unit$$

Per motivi di spazio e chiarezza nelle formule che seguono, definiamo:

$$UGP_{N\&U\ HL} \overset{def}{=} Gross\ Profit_{New\&Used\ HL}\ per\ unit_{New\ HL}$$

$$UGP_{N\&U\ CL} \overset{def}{=} Gross\ Profit_{New\&Used\ CL}\ per\ unit_{New\ CL}$$

Conoscendo il budget di vendita retail di un Concessionario, siamo in grado di prevedere il numero di macchine nuove che un suo venditore venderà in funzione del retail mix del budget stesso:

$$Units_{New} = \frac{Gross\ Profit_{New\&Used}}{Units\ mix_{HL} * UGP_{N\&U\ HL} + Units\ mix_{CL} * UGP_{N\&U\ CL}}$$

$$= \frac{176.040}{Units\ mix_{HL} * 13.262 + Units\ mix_{CL} * 4.372}$$

Per un Concessionario specialista Heavy Line abbiamo:

$$Units\ mix_{HL} = 100\%$$

$$Units\ mix_{CL} = 0\%$$

$$Units_{New} = \frac{176.040}{100\% * 13.262} = 13\ unit/salesman$$

Per un Concessionario specialista Compact Line abbiamo:

$$Units\ mix_{HL} = 0\%$$

$$Units\ mix_{CL} = 100\%$$

$$Units_{New} = \frac{176.040}{100\% * 4.372} = 40\ unit/salesman$$

Quindi possiamo affermare che il numero di macchine nuove per venditore è compreso tra 13 e 40 unità in funzione del retail mix del Concessionario.

Infine, il numero di venditori adeguato per il Concessionario è dato da:

$$Salesmen = \left.\frac{Dealer\ Units_{New}}{Units_{New}}\right|_{Round\ Up}$$

$$= Dealer\ Units_{New}$$

$$\left. * \frac{Units\ mix_{HL} * 13.262 + Units\ mix_{CL} * 4.372}{176.040}\right|_{Round\ Up}$$

3.3.2 La determinazione delle commissioni di vendita

Le commissioni di vendita rappresentano un costo variabile che grava sul conto economico del Concessionario. Ipotizzando che il costo di tali commissioni sia nella misura dell'1,5% del fatturato complessivo (nuovo e usato), si ottiene:

$$Sales\ Commission\ Cost\%_{New\&Used} = 1,5\%$$

$$
\begin{aligned}
Sales\ Commissions&_{New\&Used} \\
&= Net\ Sales_{New\&Used} \\
&\ast Sales\ Commission\ Cost\%_{New\&Used} \\
&= 28.976\ \text{€}/salesman
\end{aligned}
$$

Perché il venditore sia equamente motivato a vendere tanto la Heavy Line quanto la Compact, ipotizziamo che l'importo delle commissioni a lui destinate sia per metà dovuto a vendite Heavy Line e per metà a quelle Compact; pertanto abbiamo:

$$Sales\ Commission\ mix_{New\&Used\ HL} = 50\%$$

$$Sales\ Commission\ mix_{New\&Used\ CL} = 50\%$$

$$
\begin{aligned}
Sales\ Commissions&_{New\&Used\ HL} \\
&= Sales\ Commission\ mix_{New\&Used\ HL} \\
&\ast Sales\ Commissions_{New\&Used} = 14.488\ \text{€}/salesman
\end{aligned}
$$

$$
\begin{aligned}
Sales\ Commissions&_{New\&Used\ CL} \\
&= Sales\ Commission\ mix_{New\&Used\ CL} \\
&\ast Sales\ Commissions_{New\&Used} = 14.488\ \text{€}/salesman
\end{aligned}
$$

Dividendo le commissioni di ciascun venditore per il numero di macchine nuove di sua responsabilità, si ottiene:

$$Sales\ Commissions_{New\&Used\ HL}\ per\ unit_{New\ HL}$$
$$= \frac{Sales\ Commissions_{New\&Used\ HL}}{Units_{New\ HL}} = 1.811\ €/unit$$

$$Sales\ Commissions_{New\&Used\ CL}\ per\ unit_{New\ CL}$$
$$= \frac{Sales\ Commissions_{New\&Used\ CL}}{Units_{New\ CL}} = 906\ €/unit$$

Le commissioni dei venditori vengono determinate da una percentuale applicata ad una base imponibile rappresentata da:

- il valore retail delle macchine nuove, nel caso in cui non ci sia ritiro dell'usato;

- il valore retail delle macchine nuove, al netto del valore wholesale e sommato al valore retail di quelle usate, nel caso in cui ci sia ritiro dell'usato.

Di conseguenza, la base imponibile per la determinazione delle commissioni di vendita è il risultato di:

$$Sales\ Commission\ Base\ Amount_{New\&Used\ HL}\ per\ unit_{New\ HL}$$
$$= (1 - Trade\text{-}in\ Ratio_{HL}) * Avg.\ Retail\ Value_{New\ HL}$$
$$+ Trade\text{-}in\ Ratio_{HL}$$
$$* (Avg.\ Retail\ Value_{New\ HL}$$
$$- Avg.\ Wholesale\ Value_{Used\ HL}$$
$$+ Avg.\ Retail\ Value_{Used\ HL}) = 123.262\ €/unit$$

$$Sales\ Commission\ Base\ Amount_{New\&Used\ CL}\ per\ unit_{New\ CL}$$
$$= (1 - Trade\text{-}in\ Ratio_{CL}) * Avg.\ Retail\ Value_{New\ CL}$$
$$+ Trade\text{-}in\ Ratio_{CL}$$
$$* (Avg.\ Retail\ Value_{New\ CL}$$
$$- Avg.\ Wholesale\ Value_{Used\ CL}$$
$$+ Avg.\ Retail\ Value_{Used\ CL}) = 29.372\ \text{€}/unit$$

Pertanto, le commissioni percentuali sono date da:

$$Sales\ Commission\%_{New\&Used\ HL}$$
$$= \frac{Sales\ Commissions_{New\&Used\ HL}\ per\ unit_{New\ HL}}{Sales\ Commission\ Base\ Amount_{New\&Used\ HL}\ per\ unit_{New\ HL}} * 100$$
$$= 1,5\%$$

$$Sales\ Commission\%_{New\&Used\ CL}$$
$$= \frac{Sales\ Commissions_{New\&Used\ CL}\ per\ unit_{New\ CL}}{Sales\ Commission\ Base\ Amount_{New\&Used\ CL}\ per\ unit_{New\ CL}} * 100$$
$$= 3,1\%$$

3.4 Valutare l'esposizione finanziaria media del Concessionario

Definito il piano di vendita per le macchine nuove e i ricambi, conoscendo bene che la vendita di macchine nuove molto spesso è legata al ritiro dell'usato, siamo pronti a stimare la linea di credito necessaria a un Concessionario per operare con l'OEM.

L'esposizione finanziaria media del Concessionario nei confronti dell'OEM è funzione delle giacenze di magazzino e delle condizioni di pagamento.

Definiamo il seguente indicatore:

$$Days\ of\ Exposure = max(Stock\ Days; Creditor\ Days)$$

in cui,

$$Stock\ Days = \frac{Avg.\ Stock\ Value}{CoGS} * 365$$

$$Creditor\ Days = \frac{\dfrac{Avg.\ Creditors}{(1 + VAT\%)}}{CoGS} * 365$$

L'esposizione finanziaria del Concessionario con l'OEM è data da:

$$Financial\ Exposure = \frac{Days\ of\ Exposure}{365} * CoGS * (1 + VAT\%)$$

3.4.1 Il business delle macchine nuove

Per il business delle macchine nuove, il numero di giorni della giacenza di magazzino può essere espresso come segue:

$$Stock\ Days_{New} = \frac{Stock\ Units_{New} * \cancel{Avg.\ Wholesale\ Value_{New}}}{Units_{New} * \cancel{Avg.\ Wholesale\ Value_{New}}} * 365$$

I valori di riferimento sono i seguenti:

- Stock Days$_{Heavy\ Line}$ = 60 day

- Stock Days$_{Compact\ Line}$ = 90 day

Supponiamo che le condizioni di pagamento siano 80 gg. data fattura; i giorni di esposizione finanziaria per il business delle macchine nuove sono dati da:

$$Days\ of\ Exposure_{New\ HL} = max(Stock\ Days_{New\ HL}; Creditor\ Days_{New})$$
$$= max(60; 80) = 80\ day$$

$$Days\ of\ Exposure_{New\ CL} = max(Stock\ Days_{New\ CL}; Creditor\ Days_{New})$$
$$= max(90; 80) = 90\ day$$

In generale, l'esposizione finanziaria relativa al business delle macchine nuove può essere scritta come segue:

$$Financial\ Exposure_{New}$$
$$= \frac{Days\ of\ Exposure_{New}}{365} * Units_{New}$$
$$* Avg. Wholesale\ Value_{New} * (1 + VAT\%)$$

Di conseguenza abbiamo:

$$Financial\ Exposure_{New\ HL}$$
$$= \frac{80}{365} * Units_{New\ HL} * Avg. Wholesale\ Value_{New\ HL}$$
$$* (1 + VAT\%)$$

$$Financial\ Exposure_{New\ CL}$$
$$= \frac{90}{365} * Units_{New\ CL} * Avg. Wholesale\ Value_{New\ CL}$$
$$* (1 + VAT\%)$$

$$Financial\ Exposure_{New}$$
$$= Financial\ Exposure_{New\ HL}$$
$$+ Financial\ Exposure_{New\ CL}$$

3.4.2 Il business dei ricambi

Per il business dei ricambi il valore di riferimento per le rimanenze di magazzino è:

- Stock Days$_{Parts}$ = 120 day

Ipotizziamo che le condizioni di pagamento siano 90 gg. fine mese data fattura, per cui il numero di giorni medio di pagamento può essere stimato in 105 gg.; l'esposizione finanziaria relativa al business dei ricambi è data da:

$$Days\ of\ Exposure_{Parts} = max(Stock\ Days_{Parts}; Creditor\ Days_{Parts})$$
$$= max(120; 105) = 120\ day$$

$$Financial\ Exposure_{Parts} = \frac{120}{365} * CoGS_{Parts} * (1 + VAT\%)$$

3.4.3 Il business delle macchine usate

Supponiamo che l'OEM finanzi per 30 gg. il valore dell'usato che i Concessionari ritirano a fronte della vendita di macchine nuove:

$$Days\ of\ Exposure_{Used} = 30\ day$$

In generale, l'esposizione finanziaria relativa al business delle macchine usate può essere scritta nel seguente modo:

$$Financial\ Exposure_{Used}$$
$$= \frac{Days\ of\ Exposure_{Used}}{365} * Units_{Used}$$
$$* Avg.Wholesale\ Value_{Used}$$

Il numero di macchine usate ritirate in un anno può essere indicato come segue:

$$Units_{Used\ HL} = Trade\text{-}in\ Ratio_{HL} * Units_{New\ HL}$$

$$Units_{Used\ CL} = Trade\text{-}in\ Ratio_{CL} * Units_{New\ CL}$$

Il valore wholesale delle macchine usate può essere calcolato nel seguente modo:

$$Avg.Wholesale\ Value_{Used\ HL}$$
$$= Avg.Retail\ Value_{Used\ HL}$$
$$* (1 - Gross\ Profit\%_{Used\ HL})$$
$$Avg.Wholesale\ Value_{Used\ CL}$$
$$= Avg.Retail\ Value_{Used\ CL}$$
$$* (1 - Gross\ Profit\%_{Used\ CL})$$

Il valore retail delle macchine usate può essere espresso come segue:

$$Avg.Retail\ Value_{Used\ HL} = Trade\text{-}in\ Value\%_{HL} * Avg.Retail\ Value_{New\ HL}$$

$$Avg.Retail\ Value_{Used\ CL} = Trade\text{-}in\ Value\%_{CL} * Avg.Retail\ Value_{New\ CL}$$

Il valore retail delle macchine nuove può essere ricavato da:

$$Avg.\,Retail\,Value_{New\,HL} = \frac{Avg.\,Wholesale\,Value_{New\,HL}}{1 - Gross\,Profit\%_{New\,HL}}$$

$$Avg.\,Retail\,Value_{New\,CL} = \frac{Avg.\,Wholesale\,Value_{New\,CL}}{1 - Gross\,Profit\%_{New\,CL}}$$

Otteniamo, quindi:

$$Avg.\,Wholesale\,Value_{Used\,HL}$$
$$= Trade\text{-}in\,Value\%_{HL} * \frac{Avg.\,Wholesale\,Value_{New\,HL}}{1 - Gross\,Profit\%_{New\,HL}}$$
$$* (1 - Gross\,Profit\%_{Used\,HL})$$

$$Avg.\,Wholesale\,Value_{Used\,CL}$$
$$= Trade\text{-}in\,Value\%_{CL} * \frac{Avg.\,Wholesale\,Value_{New\,CL}}{1 - Gross\,Profit\%_{New\,CL}}$$
$$* (1 - Gross\,Profit\%_{Used\,CL})$$

Utilizzando i seguenti valori di riferimento:

$Trade\text{-}in\,Ratio_{HL} = 95\%$	$Trade\text{-}in\,Ratio_{CL} = 90\%$
$Trade\text{-}in\,Value\%_{HL} = 35\%$	$Trade\text{-}in\,Value\%_{CL} = 47\%$
$Gross\,Profit\%_{New\,HL} = 9\%$	$Gross\,Profit\%_{New\,CL} = 12\%$
$Gross\,Profit\%_{Used\,HL} = 6\%$	$Gross\,Profit\%_{Used\,CL} = 8\%$

otteniamo l'esposizione finanziaria relativa al business delle macchine usate:

$$Financial\ Exposure_{Used\ HL}$$
$$= \frac{30}{365} * 0,34 * Units_{New\ HL}$$
$$* Avg.\ Wholesale\ Value_{New\ HL}$$

$$Financial\ Exposure_{Used\ CL}$$
$$= \frac{30}{365} * 0,44 * Units_{New\ CL}$$
$$* Avg.\ Wholesale\ Value_{New\ CL}$$

$$Financial\ Exposure_{Used}$$
$$= Financial\ Exposure_{Used\ HL}$$
$$+ Financial\ Exposure_{Used\ CL}$$

3.5 La gestione del rischio da crediti commerciali

Abbiamo analizzato in dettaglio i diversi elementi dell'esposizione finanziaria del Concessionario nei confronti dell'OEM, alla quale potremmo aggiungere la parte riguardante l'eventuale finanziamento delle macchine in flotta noleggio. Otterremmo così:

$$Financial\ Exposure$$
$$= Financial\ Exposure_{New} + Financial\ Exposure_{Parts}$$
$$+ Financial\ Exposure_{Used} + Financial\ Exposure_{Rental}$$

A partire dall'esposizione finanziaria media, definiamo un limite massimo al rischio da crediti commerciali che l'OEM deve assumersi perché il business plan del Concessionario sia attuabile.

$$Credit\ Limit = (1 + k_1) * Financial\ Exposure$$

dove il fattore di sicurezza k_1 = 15% ÷ 35% compensa eventuali effetti legati a stagionalità, picchi di vendita non prevedibili, periodi in cui il mix di vendita si sposta più verso le macchine Heavy Line.

3.5.1 Le garanzie di pagamento

Abbiamo appena calcolato la linea di credito che è opportuno concedere a un Concessionario perché possa attuare il business plan commerciale. Non è escluso, però, che tale linea di credito possa non essere ritenuta adeguata in relazione al merito creditizio associato al Concessionario. In tal caso questo è chiamato a far ricorso a delle garanzie di pagamento che tipicamente vengono quantificate come percentuale della linea di credito necessaria:

$$Collateral\ Security = k_2 * Credit\ Limit$$

con il fattore k_2 = 0% ÷ 100%, funzione del rating creditizio del Concessionario.

La più classica delle garanzie di pagamento è la fidejussione bancaria che garantisce contro il mancato pagamento derivante da un impegno (il contratto di concessione) sottoscritto tra l'OEM e il Concessionario.

Solitamente la fidejussione bancaria ha un costo *una tantum* di apertura pratica, più un costo annuo che in Italia oggi può variare tra lo 0,5% e il 2% del valore nominale in funzione delle garanzie reali fornite a copertura dello stesso (pegni di denaro o titoli, ipoteche su beni immobili o mobili) e/o del rating creditizio associato al Concessionario.

Il Concessionario evidentemente non è molto propenso a fornire fidejussioni su cifre elevate per due ragioni:

- aumento dell'immobilizzo finanziario a sostegno l'attività per un valore pari alle garanzie richieste dalla banca a copertura del valore nominale della fidejussione;

- riduzione della marginalità a causa del costo annuo della fidejussione da riconoscere alla banca.

A volte, quindi, il Concessionario è costretto a rinunciare a un business plan aggressivo e/o a livelli di stock adeguati a sostenerlo al fine di ridurre l'esposizione finanziaria e, di conseguenza, l'importo della garanzia bancaria richiesta. L'esposizione finanziaria, infatti, è direttamente proporzionale al costo del venduto ma anche al numero di giorni di stock (quando Stock Days > Creditor Days):

$$Financial\ Exposure$$
$$= \frac{max(Stock\ Days; Creditor\ Days)}{365} * CoGS * (1$$
$$+ VAT\%)$$

Ad esempio, ripercorrendo il calcolo dell'esposizione finanziaria e ipotizzando di ridurre di 30 gg. il numero di giorni di stock utili a supportare il business, si scopre che:

- per quanto riguarda le macchine Heavy Line, tale riduzione è ininfluente dal punto di vista del calcolo dell'esposizione finanziaria;

- per quanto riguarda le macchine Compact Line e i ricambi, invece, apporta una discreta riduzione dell'esposizione finanziaria.

$$Days\ of\ Exposure'_{New\ HL} = max(Stock\ Days'_{New\ HL}; Creditor\ Days_{New})$$
$$= max(30; 80) = 80\ day$$
$$\Rightarrow No\ Financial\ Exposure\ reduction$$

$$Days\ of\ Exposure'_{New\ CL} = max(Stock\ Days'_{New\ CL}; Creditor\ Days_{New})$$
$$= max(60; 80) = 80\ day$$
$$\Rightarrow 11\%\ Financial\ Exposure\ reduction$$

$$Days\ of\ Exposure'_{Parts} = max(Stock\ Days'_{Parts}; Creditor\ Days_{Parts})$$
$$= max(90; 105) = 105\ day$$
$$\Rightarrow 13\%\ Financial\ Exposure\ reduction$$

Da quanto appena descritto, si deduce che delle condizioni di pagamento ben definite impongono che il numero di giorni medio di pagamento sia almeno uguale al numero di giorni di stock utili a supportare il business del Concessionario.

3.6 La capitalizzazione utile a sostenere la crescita di fatturato

Come abbiamo descritto nel secondo capitolo, la condizione di equilibrio finanziario di medio periodo richiede che all'intensificarsi dell'attività di un'azienda corrisponda un aumento del Patrimonio Netto. Calcoliamo, adesso, l'incremento di capitalizzazione necessario a un Concessionario per sostenere un aumento di fatturato da un anno all'altro. Del Concessionario in esame sono noti tutti i dati di bilancio, in particolare:

- Fatturato;

- Attivo Fisso;

- Attivo Corrente;

- Patrimonio Netto.

Nell'ipotesi che l'aumento di fatturato possa avvenire a parità di:

- Attivo Fisso;

- Rotazione del Capitale Circolante Netto;

- Indice di Disponibilità;

- Indice di Autonomia Finanziaria;

si può dimostrare che il Totale Attivo dello stato patrimoniale a sostegno della crescita è dato da:

$$Total\ Assets_Y = Fixed\ Assets_{Y-1} + \frac{Net\ Sales_Y}{Net\ Sales_{Y-1}} * Current\ Assets_{Y-1}$$

Assumendo il seguente Tasso di Crescita del Fatturato:

$$Net\ Sales\ Growth\ Rate = \frac{Net\ Sales_Y - Net\ Sales_{Y-1}}{Net\ Sales_{Y-1}} * 100 = 15\%$$

l'incremento di capitalizzazione per supportare la crescita è dato da:

$\Delta\ Owner's\ Equity$
$$= Net\ Sales\ Growth\ Rate * Owner's\ Equity\ Ratio_{Y-1}$$
$$* Current\ Assets_{Y-1}$$
$$= 15\% * Owner's\ Equity\ Ratio_{Y-1} * Current\ Assets_{Y-1}$$

Qualora la Rotazione del Capitale Circolante Netto, l'Indice di Disponibilità e l'Indice di Autonomia Finanziaria non siano soddisfacenti già nelle condizioni precedenti, per la valutazione della capitalizzazione idonea a sostenere il fatturato, può essere utile la formula seguente:

$$Total\ Assets_Y = Fixed\ Assets_{Y-1} + \frac{\dfrac{Current\ Ratio}{Current\ Ratio - 1}}{\dfrac{Net\ Sales_Y}{Working\ Capital\ Turnover}}$$

Nelle condizioni ottimali, date da:

$$Working\ Capital\ Turnover = \frac{Net\ Sales}{Working\ Capital} = 10$$

$$Current\ Ratio = \frac{Current\ Assets}{Current\ Liabilities} = 1,4$$

$$Owner's\ Equity\ Ratio = \frac{Owner's\ Equity}{Total\ Assets} * 100 = 20\%$$

si ottengono le seguenti equazioni:

$$Total\ Assets_Y = Fixed\ Assets_{Y-1} + 0,35 * Net\ Sales_Y$$

$$\Delta\ Owner's\ Equity = 20\% * Total\ Assets_Y - Owner's\ Equity_{Y-1}$$

4 Massimizzare la marginalità del business ricambi

Il business dei ricambi è quello che contribuisce più di ogni altro alla profittabilità di un mandato di concessione poiché produce quasi il 40% del margine commerciale (vedi Figura 2-8) dell'intero business, ma tutto dipende da:

- mix delle famiglie prodotto;
- canali di vendita;
- pianificazione delle scorte.

4.1 Il mix delle famiglie prodotto

I ricambi vengono classificati in famiglie prodotto a seconda della loro frequenza di movimentazione in magazzino o in base a loro particolari caratteristiche. Le diverse famiglie prodotto guidano la determinazione degli sconti base in fattura da applicare al prezzo di listino:

- Famiglia Prodotto "F1": ricambi a bassa movimentazione e *captive* (telaio e parti strutturali, serbatoi, assali, componenti elettronici, cablaggi, cabine, ecc.);

- Famiglia Prodotto "F2": ricambi "concorrenziali" (motori, parti interne ed esterne del motore, guarnizioni, componenti elettrici, componenti idraulici, frizioni, trasmissioni, sterzo, ruote, freni, ecc.);

- Famiglia Prodotto "F3": ricambi "altamente concorrenziali" (filtri, cinghie, batterie, lubrificanti, vernici, luci, vetri, pneumatici, pompe idrauliche, motorini di avviamento e alternatori, ecc.);

- Famiglia Prodotto "F4": ricambi per applicazioni particolari (attrezzature, benne, sottocarro, kit di montaggio accessori, ecc.);

- Famiglia Prodotto "F5": ricambi con una domanda difficilmente prevedibile o che esigono specifici requisiti per lo stoccaggio e quindi si preferisce triangolarli direttamente dal fornitore produttore (liquidi vari, batterie già contenenti il liquido, lubrificanti, vernici, attrezzature speciali, ecc.).

La figura seguente riporta un tipico mix di fatturato ricambi per famiglia prodotto con il relativo margine lordo percentuale:

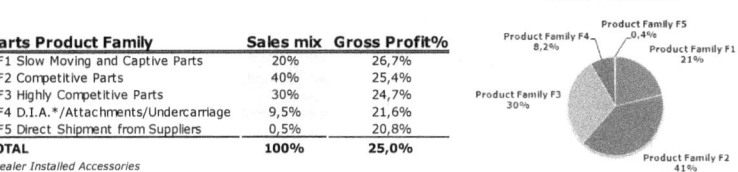

Parts Product Family	Sales mix	Gross Profit%
F1 Slow Moving and Captive Parts	20%	26,7%
F2 Competitive Parts	40%	25,4%
F3 Highly Competitive Parts	30%	24,7%
F4 D.I.A.*/Attachments/Undercarriage	9,5%	21,6%
F5 Direct Shipment from Suppliers	0,5%	20,8%
TOTAL	**100%**	**25,0%**

Dealer Installed Accessories

Figura 4-1

Come si può notare dal grafico a torta, più del 70% del margine lordo dei ricambi deriva dalle famiglie prodotto di ricambi "concorrenziali" e "altamente concorrenziali", sulle quali evidentemente il posizionamento dei prezzi è più difficile.

4.2 I canali di vendita

Un Concessionario può veicolare la vendita dei ricambi attraverso diversi canali: in generale possono essere venduti all'esterno o all'interno della Concessionaria per essere "lavorati" dal servizio di assistenza attraverso interventi di riparazione o di manutenzione programmata sulle macchine.

I canali di vendita esterni al Concessionario sono:

- le officine autorizzate, che normalmente fanno poco stock e ordinano a fronte di interventi di riparazione o manutenzione programmata;

- i ricambisti specializzati o le società di noleggio, che acquistano grossi volumi pianificandoli per tempo;

- la vendita al banco.

I canali di vendita interni al Concessionario sono quelli che passano dal servizio di assistenza:

- le lavorazioni interne (preconsegna di macchine nuove, ricondizionamento di macchine usate, riparazione e manutenzione programmata della flotta noleggio);

- gli interventi in garanzia;

- il servizio retail per interventi fuori garanzia (riparazione e manutenzione programmata).

La figura seguente riporta un tipico mix di fatturato ricambi per canale di vendita con il relativo margine lordo percentuale:

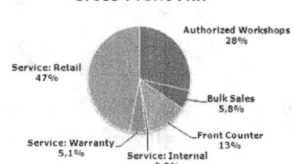

Parts Sales Channel	Sales mix	Gross Profit%
Authorized Workshops	30%	23,6%
Bulk Sales	10%	14,4%
Front Counter	10%	32,1%
Service: Internal	5,9%	4,0%
Service: Warranty	7,6%	16,8%
Service: Retail	37%	32,1%
TOTAL	100%	25,0%

Figura 4-2

Come si può notare dal grafico a torta, il servizio di assistenza (Service) veicola più del 50% del margine lordo ricambi, di cui il 47% deriva dal canale di vendita del servizio retail (interventi fuori garanzia). Altro canale rilevante è quello delle officine autorizzate che contribuisce con quasi il 30% del margine lordo.

4.3 La pianificazione delle scorte

Normalmente l'OEM definisce e comunica ai Concessionari una griglia sconti che è funzione della famiglia prodotto e della urgenza con cui i ricambi vengono ordinati. Qui di seguito è presentato un esempio di griglia sconti per il Concessionario:

Parts Product Family	NSO Dealer Discount	UDO Dealer Discount
F1 Slow Moving and Captive Parts	d_1	d_1 - 8%
F2 Competitive Parts	d_2	d_2 - 10%
F3 Highly Competitive Parts	d_3	d_3 - 12%
F4 D.I.A.*/Attachments/Undercarriage	d_4	d_4 - 5%
F5 Direct Shipment from Suppliers	d_5	d_5
TOTAL	d_m	d_m - 10%

Dealer Installed Accessories

Figura 4-3

dove NSO sta per "Normal Stock Order", UDO sta per "Unit Down Order" e d_i rappresenta lo sconto base che viene applicato al Concessionario in caso di ordine NSO per ricambi appartenenti alla famiglia i.

Gli sconti per gli ordini UDO sono evidentemente più bassi; la differenza tra gli sconti NSO e UDO è tanto maggiore quanto più i ricambi appartengono a un mercato competitivo (famiglie prodotto "F2" e, soprattutto, "F3"). La ragione di questo sta nel fatto che quanto più i ricambi appartengono a un mercato competitivo, tanto più la loro pronta disponibilità può essere una leva utile a battere la concorrenza. Pertanto, un'opportuna pianificazione delle scorte è molto importante per il Concessionario al fine di mantenere un elevato livello di servizio in termini di disponibilità dei ricambi (e quindi di soddisfazione del cliente), senza sprecare marginalità preziosa per il risultato economico.

Ragionevolmente, però, ci saranno comunque casi in cui alcuni ricambi non saranno presenti in stock, specie qualora si tratti di ricambi a bassa movimentazione. In particolar modo per alcuni canali di vendita (officine autorizzate, banco e servizio retail), diventa fondamentale aver definito una griglia sconti retail tale da non intaccare la marginalità del Concessionario per gli ordini urgenti. Il modo migliore per far ciò è garantirgli la stessa marginalità in valore assoluto, indipendentemente dall'urgenza con cui i ricambi sono ordinati: questa tecnica permette di gestire l'ordine urgente come un servizio aggiuntivo a carico del cliente.

4.4 La griglia sconti per i clienti

Nel definire la griglia sconti retail dobbiamo, prima di tutto, fissare la percentuale del prezzo di listino che il Concessionario deve trattenere come margine lordo per ciascun canale di vendita e, successivamente, applicare agli ordini urgenti le stesse penalizzazioni percentuali che l'OEM applica al Concessionario. Ad esempio, utilizziamo la figura seguente per quantificare il margine lordo per canale di vendita considerando che:

- il canale delle lavorazioni interne vende a costo agli altri dipartimenti del Concessionario per cui, mai come in questo caso, ci si affiderà alla capacità di pianificazione delle scorte;

- il canale degli interventi in garanzia utilizza una politica di rimborso definita dall'OEM.

Parts Sales Channel	Dealer Gross Profit as percentage of List Price
Authorized Workshops	8%
Bulk Sales	7%
Front Counter	25%
Service: Internal (PDI, Used Refurbishment, Rental Fleet Maintenance, etc.)	0%
Service: Warranty	depends on warranty policy
Service: Retail	25%

Figura 4-4

Incrociando le informazioni contenute nella precedente figura con la griglia sconti che l'OEM applica al Concessionario, otteniamo la griglia sconti retail che questo deve utilizzare con i suoi clienti:

Parts Product Family	Order Type	Dealer Discount	Retail Discounts by Sales Channel and Order Type					
			Authorized Workshops 8%	Bulk Sales 7%	Front Counter 25%	Service: Internal 0%	Service: Warranty depends on warranty policy	Service: Retail 25%
F1 Slow Moving and Captive Parts	NSO	d_1	$d_1 - 8\%$	$d_1 - 7\%$	$d_1 - 25\%$	d_1	depend on wty policy	$d_1 - 25\%$
F2 Competitive Parts	NSO	d_2	$d_2 - 8\%$	$d_2 - 7\%$	$d_2 - 25\%$	d_2	depend on wty policy	$d_2 - 25\%$
F3 Highly Competitive Parts	NSO	d_3	$d_3 - 8\%$	$d_3 - 7\%$	$d_3 - 25\%$	d_3	depend on wty policy	$d_3 - 25\%$
F4 D.I.A.*/Attachments/Undercarriage	NSO	d_4	$d_4 - 8\%$	$d_4 - 7\%$	$d_4 - 25\%$	d_4	depend on wty policy	$d_4 - 25\%$
F5 Direct Shipment from Suppliers	NSO	d_1	$d_1 - 8\%$	$d_1 - 7\%$	$d_1 - 25\%$	d_1	depend on wty policy	$d_1 - 25\%$
F1 Slow Moving and Captive Parts	UDO	$[d_1 - 8\%]$	$[d_1 - 8\%] - 8\%$	$[d_1 - 8\%] - 7\%$	$[d_1 - 8\%] - 25\%$	$[d_1 - 8\%]$	depend on wty policy	$[d_1 - 8\%] - 25\%$
F2 Competitive Parts	UDO	$[d_1 - 10\%]$	$[d_2 - 10\%] - 8\%$	$[d_2 - 10\%] - 7\%$	$[d_2 - 10\%] - 25\%$	$[d_2 - 10\%]$	depend on wty policy	$[d_2 - 10\%] - 25\%$
F3 Highly Competitive Parts	UDO	$[d_3 - 12\%]$	$[d_3 - 12\%] - 8\%$	$[d_3 - 12\%] - 7\%$	$[d_3 - 12\%] - 25\%$	$[d_3 - 12\%]$	depend on wty policy	$[d_3 - 12\%] - 25\%$
F4 D.I.A.*/Attachments/Undercarriage	UDO	$[d_4 - 5\%]$	$[d_4 - 5\%] - 8\%$	$[d_4 - 5\%] - 7\%$	$[d_4 - 5\%] - 25\%$	$[d_4 - 5\%]$	depend on wty policy	$[d_4 - 5\%] - 25\%$
F5 Direct Shipment from Suppliers	UDO	d_1	$d_1 - 8\%$	$d_1 - 7\%$	$d_1 - 25\%$	d_1	depend on wty policy	$d_1 - 25\%$

*Dealer Installed Accessories

Figura 4-5

Le informazioni contenute nella figura qui sopra possono, successivamente, essere affinate facendo leva su promozioni specifiche dell'OEM per alcune famiglie prodotto in determinati periodi o sulla necessità di liquidare eventuali eccedenze di stock presso il Concessionario.

5 Massimizzare la marginalità del servizio di assistenza

In questo capitolo affrontiamo il tema della gestione del servizio di assistenza valutando numericamente la marginalità lorda con cui quest'attività contribuisce, direttamente e indirettamente, al risultato economico del Concessionario. Infatti, il servizio di officina, oltre a garantire profitti attraverso la manodopera fatturata, è un importante canale di vendita dei ricambi.

5.1 Il modello organizzativo del servizio di assistenza

Definiamo un modello organizzativo per la gestione del servizio di assistenza formulando alcune ipotesi sui ruoli delle persone indispensabili, sulla loro esperienza e sui rapporti numerici che ci devono essere tra i diversi profili.

Distinguiamo tra manodopera diretta e indiretta identificando, nella prima, le persone del servizio di assistenza che riusciranno a produrre direttamente valore tramite lavorazioni fatturabili. Tra queste, sicuramente avremo:

- un capofficina;
- meccanici dedicati all'assistenza *in loco*;
- meccanici dedicati all'assistenza in officina.

Per quanto riguarda la manodopera indiretta, invece, sarà essenziale una persona di staff che si occupi di tutte le attività a supporto della manodopera diretta:

- accettazione clienti;
- gestione campagne di richiamo;
- richieste di rimborso all'OEM per gli interventi in garanzia;
- gestione contratti di estensione garanzia e manutenzione programmata;
- accesso al catalogo tecnico ricambi;
- accesso ai manuali di assistenza;
- gestione dei sistemi di supporto alla risoluzione dei problemi di assistenza tecnica.

Qui di seguito, viene descritto come organizzare il servizio di assistenza con il numero di persone necessarie per ciascun ruolo. Su un totale di dieci persone, avremo:

- N⁰ 1 capofficina (Service Manager);
- N⁰ 3 meccanici per l'assistenza *in loco* (Field Technicians);
- N⁰ 5 meccanici di officina (Workshop Technicians);

- Nº 1 persona di staff (Workshop Staff).

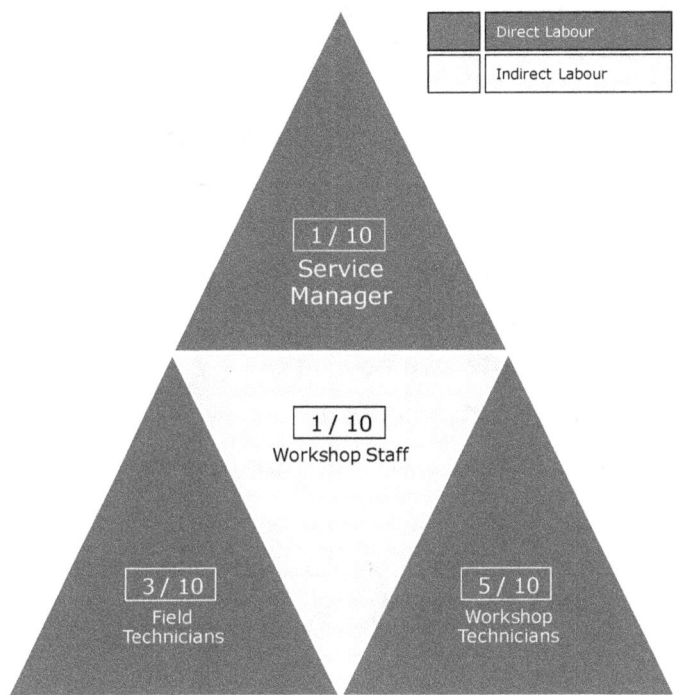

Figura 5-1

5.2 Gli indici di efficienza della manodopera diretta

Gli indici di efficienza della manodopera diretta misurano la produttività delle ore di lavoro retribuite e verranno utilizzati in seguito per stimare la marginalità del servizio di assistenza.

Indice di Presenza (Attendance)

L'Indice di Presenza è il rapporto tra le ore di presenza e quelle retribuite. È funzione, principalmente, della Contrattazione Collettiva Nazionale del Lavoro e dipende, in particolare, da:

- ferie (26 gg. per il CCNL del Commercio);
- permessi retribuiti (9 gg. per aziende con oltre 15 dipendenti, 7 gg. per aziende fino a 15 dipendenti);
- riposi per festività soppresse (4 gg.);
- festività nazionali (in media 9 gg. cadono in giorni normalmente lavorativi);
- training (ipotizziamo 3 gg.);
- malattia, visite mediche, altro (ipotizziamo 5 gg.).

Definiamo il numero di ore retribuite convenzionali annue per meccanico come segue:

$$FTE\ Hours\ Paid = 52 * 40 + 8 = 2.088\ hour/year$$

Possiamo calcolare l'indice di presenza (per il CCNL Commercio) come segue:

$$Attendance = \frac{FTE\ Hours\ Attended}{FTE\ Hours\ Paid} * 100$$
$$= \left[1 - \frac{(26 + 9 + 4 + 9 + 3 + 5) * 8}{2.088}\right] * 100 = 78,5\%$$

Pertanto, le ore di presenza per meccanico sono:

$$FTE\ Hours\ Attended = Attendance * FTE\ Hours\ Paid = 78,5\% * 2.088$$
$$= 1.640\ hour/year$$

Indice di Utilizzazione (Utilization)

L'Indice di Utilizzazione è il rapporto tra le ore lavorate e quelle di presenza. Dipende dal numero di soste durante l'attività lavorativa e dalla loro durata; è influenzato da:

- il numero di meccanici impiegati nel servizio di assistenza rispetto alla richiesta di interventi;

- il numero di persone di staff disponibili per tutte le attività a supporto della manodopera diretta;

- la corretta diagnosi e il pre-picking dei ricambi dal magazzino per ogni intervento di assistenza;

- la disposizione dell'officina, la sua posizione rispetto al magazzino ricambi e il posizionamento della strumentazione di diagnostica e delle attrezzature speciali (per gli interventi in officina, evidentemente)

- gli incentivi basati sull'Indice di Utilizzazione, che ricompensino i meccanici per ridurre al massimo le ore di presenza non impiegate su lavorazioni.

Considerando, in media, 5 minuti di pausa per ogni ora di presenza, otteniamo:

$$Utilization = \frac{FTE\ Hours\ Worked}{FTE\ Hours\ Attended} * 100 = \left(1 - \frac{5}{60}\right) * 100 = 91,7\%$$

Di conseguenza, le ore lavorate per meccanico sono:

$$FTE\ Hours\ Worked = Utilization * FTE\ Hours\ Attended$$
$$= 91{,}7\% * 1.640 = 1.503\ hour/year$$

Indice di Produttività (Productivity)

L'Indice di Produttività è il rapporto tra le ore vendute e quelle lavorate. Tale indice è fortemente influenzato da:

- il numero di ore di training tecnico, organizzato dall'OEM, che i meccanici hanno frequentato;

- le capacità e l'esperienza del meccanico assegnato a ciascun intervento di assistenza;

- la disponibilità di strumentazione per la diagnostica e attrezzature speciali;

- gli incentivi basati sull'Indice di Produttività, che ricompensino i meccanici per lavorare più velocemente di quanto previsto dal temparío.

In media, un meccanico specializzato riesce a essere efficiente completando la lavorazione in minor tempo rispetto a quanto previsto dal temparío. Ipotizziamo che:

$$Productivity = \frac{FTE\ Hours\ Sold}{FTE\ Hours\ Worked} * 100 = 108\%$$

Otteniamo, così, il numero di ore fatturate che un meccanico riesce a produrre:

$$FTE\ Hours\ Sold = Productivity * FTE\ Hours\ Worked = 108\% * 1.503$$
$$= 1.624\ hour/year$$

5.3 Il costo orario della manodopera diretta

Ora ci poniamo il problema di conoscere il costo orario della manodopera diretta. La figura seguente mostra il costo del lavoro aziendale di un meccanico a partire dalla sua Retribuzione Annua Lorda (escludiamo la quota di indeducibilità IRAP del costo del lavoro, che rientrerà nella gestione tributaria del conto economico):

Company's Labour Cost Items		CCNL "Commercio" Technician	
Annual Base Salary (Italian R.A.L.)		€	29.400
Holidays not enjoyed - [day]	3	€	242
Severance Fund (Italian TFR)		€	2.030
National Social Security (Italian INPS) - [%]	28,98%	€	8.590
Complementary Pension Fund - [%]	1,55%	€	456
Work-related Injury Insurance (Italian INAIL) - [%]	3,40%	€	1.018
Luncheon Vouchers (Italian Ticket Restaurant) - [€]	€ 5,29	€	1.084
Company's Labour Cost		**€**	**42.820**
Company's Labour Cost Index			*1,46*
IRAP Tax Non-deductibility of Labour Cost - [%]	3,90%	€	1.098
Company's Labour Cost (including IRAP tax)		€	43.918
Company's Labour Cost Index (including IRAP tax)			*1,49*

Figura 5-2

A questo punto possiamo calcolare il costo orario della manodopera diretta sapendo che:

- il costo del lavoro per l'azienda è pari circa a 1,46 volte la R.A.L. (Retribuzione Annua Lorda) media di un meccanico;

- un meccanico riesce a produrre 1.624 ore all'anno.

$$FTE\ Hourly\ Cost = \frac{1,46 * Annual\ Base\ Salary}{1.624}$$

Formuliamo delle ipotesi sulla Retribuzione Annua Lorda dei diversi ruoli di officina, indicati in precedenza in Figura 5-1, e pesiamo tali retribuzioni utilizzando il mix organizzativo tra le diverse figure professionali (riproporzionandolo sulla sola manodopera diretta). In questo modo otteniamo il costo medio orario della manodopera diretta come descritto nella figura seguente:

Technician Profile	Organization Ratio	R.A.L.		Yearly Cost		Hourly Cost	
Service Manager	11%	€	44.800	€	65.250	€	40,19
Field Technician	33%	€	33.600	€	48.937	€	30,14
Workshop Technician	56%	€	23.800	€	34.664	€	21,35
FTE Avg. Technician	100%	€	29.400	€	42.820	€	26,37

Figura 5-3

5.4 Il mix delle ore di lavoro vendute e la loro marginalità

Il margine lordo proveniente dal servizio di assistenza è funzione, evidentemente, del costo orario della manodopera diretta e della tariffa oraria di fatturazione. Quest'ultima dipende dalla tipologia di lavorazione effettuata; distinguiamo, infatti, tre modalità di intervento:

- lavorazioni interne, la cui tariffa oraria (ad esempio 30 €/ora) viene addebitata al dipartimento che le richiede;

- interventi in garanzia, la cui tariffa oraria (ad esempio 35 €/ora) è di solito definita dall'OEM;

- interventi fuori garanzia, la cui tariffa oraria (ad esempio 40 €/ora) viene fatturata al cliente finale.

Conoscendo il costo medio orario, che abbiamo in precedenza calcolato, è facile ricavare il margine lordo percentuale per tipologia d'intervento. Formulando delle ipotesi sul mix delle ore di assistenza vendute, otteniamo la seguente figura che evidenzia il margine lordo percentuale generato dal servizio di assistenza con la vendita di sole ore di manodopera (ricambi esclusi):

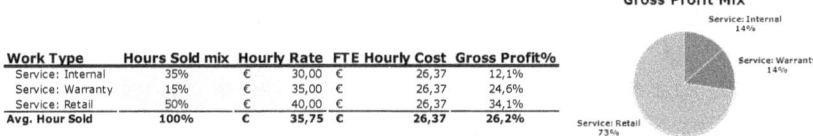

Work Type	Hours Sold mix	Hourly Rate	FTE Hourly Cost	Gross Profit%
Service: Internal	35%	€ 30,00	€ 26,37	12,1%
Service: Warranty	15%	€ 35,00	€ 26,37	24,6%
Service: Retail	50%	€ 40,00	€ 26,37	34,1%
Avg. Hour Sold	**100%**	**€ 35,75**	**€ 26,37**	**26,2%**

Figura 5-4

Come si può notare dal grafico a torta, quasi il 75% del margine lordo della manodopera diretta deriva da interventi fuori garanzia.

5.5 Il consumo di ricambi per ora venduta

Come già accennato, il servizio di assistenza non solo è in grado di generare profitto dalla vendita di manodopera, ma anche, e soprattutto, dalla vendita indiretta dei ricambi necessari per le riparazioni.

Un indicatore molto importante per la gestione del servizio di assistenza è il consumo di ricambi per ora venduta. La figura seguente mostra dei valori tipici per questo indicatore in funzione della tipologia di intervento:

Work Type	Hours Sold mix	Hourly Rate	Parts Sold / Hour Sold	Service Repair split Labour %	Parts %
Service: Internal	35%	€ 30,00	€ 15,00	67%	33%
Service: Warranty	15%	€ 35,00	€ 45,00	44%	56%
Service: Retail	50%	€ 40,00	€ 65,00	38%	62%
Avg. Hour Sold	100%	€ 35,75	€ 44,50	45%	55%

Figura 5-5

In media, un intervento di assistenza produce un fatturato che per il 45% è manodopera e per il 55% sono ricambi. Combinando lo *split* del fatturato per intervento di assistenza con le rispettive percentuali di margine lordo, otteniamo la seguente figura:

Gross Profit Mix

Service Repair Item	Sales mix	Gross Profit%
Labour	45%	26,2%
Parts	55%	26,5%
TOTAL	100%	26,4%

Labour 44%

Parts 56%

Figura 5-6

Come si può notare dal grafico a torta, per ogni intervento di assistenza il 56% del margine lordo deriva dalla vendita di ricambi, mentre il restante 44% dalla vendita di manodopera diretta.

5.6 Il dimensionamento organizzativo del servizio di assistenza

Avendo a disposizione tutti gli indicatori principali del servizio di assistenza, siamo in grado di determinare il numero necessario di meccanici, persone di staff e officine mobili per l'assistenza *in loco*. La figura riepilogativa seguente contiene tutte le informazioni utili a tale scopo:

Parts Sales Channel	Sales mix	Work Type	Hours Sold mix	Hourly Rate	Parts Sold / Hour Sold
Authorized Workshops	30%	Service: Internal	35%	€ 30,00	€ 15,00
Bulk Sales	10%	Service: Warranty	15%	€ 35,00	€ 45,00
Front Counter	10%	Service: Retail	50%	€ 40,00	€ 65,00
Service: Internal	5,9%	**Avg. Hour Sold**	**100%**	**€ 35,75**	**€ 44,50**
Service: Warranty	7,6%				
Service: Retail	37%	**Parts Net Sales**			**€ 2.000.000**
TOTAL	**100%**				
		Parts Net Sales$_{Service}$			€ 1.000.000
FTE Hours Paid	2.088	Labour Net Sales$_{Service}$			€ 803.371
Attendance Index	78,5%	Total Hours Sold			22.472
FTE Hours Attended	1.640				
		Total Technicians			**13**
Utilization Index	91,7%	*of which Field Technicians*			*4*
FTE Hours Worked	1.503	*of which Workshop Technicians*			*9*
		Workshop Staff			**1**
Productivity Index	108%				
FTE Hours Sold	1.624	**Service Vans**			**6**
FTE Max Overtime Hours	250	Parts Net Sales per Technician			€ 83.000
		Labour Net Sales per Technician			€ 67.000
FTE Hours Sold (incl. Overtime)	1.871	Parts&Labour Net Sales per Technician			€ 150.000

Figura 5-7

Descriviamo ora gli *step* logici per il dimensionamento del servizio di assistenza.

1. **IL NUMERO DI ORE VENDUTE PER MECCANICO.** Calcoliamo il numero massimo di ore vendute per meccanico includendo anche gli straordinari:

$FTE\ Hours\ Sold = 1.624\ hour/year$

$FTE\ Max\ Overtime = 250\ hour/year$

$Utilization = 91{,}7\%$

$Productivity = 108\%$

$FTE\ Hours\ Sold\ (incl.\ Overtime)$
$$= FTE\ Hours\ Sold + FTE\ Max\ Overtime * Utilization$$
$$* Productivity = 1.871\ hour/year$$

2. **I RICAMBI VENDUTI ATTRAVERSO IL SERVIZIO DI ASSISTENZA.** Conoscendo il budget retail dei ricambi, ricaviamo il loro fatturato canalizzato dal servizio di assistenza del Concessionario:

$Parts\ Net\ Sales = 2.000\ k€/year$

$Parts\ Sales\ mix_{Authorized\ Workshops} = 30\%$

$Parts\ Sales\ mix_{Bulk\ Sales} = 10\%$

$Parts\ Sales\ mix_{Front\ Counter} = 10\%$

$Parts\ Net\ Sales_{Service}$
$$= Parts\ Net\ Sales * (100\%$$
$$- Parts\ Sales\ mix_{Authorized\ Workshops}$$
$$- Parts\ Sales\ mix_{Bulk\ Sales}$$
$$- Parts\ Sales\ mix_{Front\ Counter}) = 1.000\ k€/year$$

3. **LA MANODOPERA VENDUTA ATTRAVERSO IL SERVIZIO DI ASSISTENZA.** Noto il fatturato ricambi canalizzato dal servizio di assistenza, calcoliamo il fatturato di manodopera:

$Hourly\ Rate = 35,75\ €/hour$

$Parts\ Sold\ per\ Hour\ Sold = 44,50\ €/hour$

$$Labour\ Net\ Sales_{Service} = \frac{Parts\ Net\ Sales_{Service}}{Parts\ Sold\ per\ Hour\ Sold} * Hourly\ Rate$$
$$= 803\ k€/year$$

4. **IL NUMERO DI ORE VENDUTE**. A partire dal fatturato di manodopera, ricaviamo il numero totale di ore vendute:

$$Total\ Hours\ Sold = \frac{Labour\ Net\ Sales_{Service}}{Hourly\ Rate} = 22.472\ hour/year$$

5. **IL NUMERO TOTALE DI MECCANICI**. Date le ore di manodopera, otteniamo il numero complessivo di meccanici:

$$Total\ Technicians = \frac{Total\ Hours\ Sold}{FTE\ Hours\ Sold\ (incl.\ Overtime)}\bigg|_{Round\ Up}$$
$$= 13\ technician$$

6. **IL DIMENSIONAMENTO ORGANIZZATIVO DEL SERVIZIO DI ASSISTENZA**. Dal numero totale di meccanici, conseguiamo la ripartizione tra quelli per l'assistenza *in loco* e quelli di officina, il numero di persone di staff e officine mobili:

$$Field\ Technicians = \left(Total\ Technicians * \frac{3}{9}\right)\Bigg|_{Round} = 4\ technician$$

$$Workshop\ Technicians = Total\ Technicians - Field\ Technicians$$
$$= 9\ technician$$

$$Workshop\ Staff\ Members = \left(Total\ Technicians * \frac{1}{9}\right)\Bigg|_{Round} = 1\ person$$

$$Service\ Vans = Field\ Technicians$$
$$+ \max\left[1; \left(\frac{Workshop\ Technicians}{4}\right)\Bigg|_{Round}\right]$$
$$= 6\ service\ van$$

7. **SERVICE KPIs**. Infine, risulta immediato calcolare alcuni semplici indicatori in merito alla produttività di un meccanico:

$$Parts\ Net\ Sales\ per\ technician = \frac{Parts\ Net\ Sales_{Service}}{Total\ Technicians}$$
$$= 83\ k€/technician$$

$$Labour\ Net\ Sales\ per\ technician = \frac{Labour\ Net\ Sales_{Service}}{Total\ Technicians}$$
$$= 67\ k€/technician$$

$$Parts\&Labour\ Net\ Sales\ per\ technician$$
$$= Parts\ Net\ Sales\ per\ technician$$
$$+ Labour\ Net\ Sales\ per\ technician$$
$$= 150\ k€/technician$$

Glossario

A (Actual): indica dati di consuntivo.

Avg. (Average): indica un valore medio.

CL (Compact Line): indica valori riferiti a macchine di categoria Compact.

CoGS (Cost of Goods Sold): costo del venduto.

Collateral Security: garanzie di pagamento.

Creditors: debiti verso fornitori.

Dealer: Concessionario.

Dealer Development: Sviluppo Rete. È l'ente preposto allo sviluppo e al controllo della rete di vendita indiretta al fine di assicurare la giusta copertura territoriale attraverso Concessionari forti commercialmente e dotati di adeguate risorse finanziarie per sostenere l'attività.

Debtors: crediti verso clienti.

Departmental Profit: margine commerciale. È l'utile di conto economico al lordo delle spese generali.

E (Estimate): indica dati previsionali.

EBIT (Earnings Before Interest and Taxes): utile operativo.

EBT (Earnings Before Taxes): RAI (Risultato Ante Imposte).

FTE (Full Time Equivalent): indica dati relativi all'attività svolta da una persona a tempo pieno (8 ore al giorno).

HL (Heavy Line): indica valori riferiti a macchine di categoria Heavy.

IRAP: Imposta Regionale sulle Attività Produttive.

IRES: Imposta sul REddito delle Società.

KPI (Key Performance Indicator): sono gli indicatori utilizzati per misurare la gestione (commerciale, finanziaria, organizzativa) del business.

Labour: manodopera. Si riferisce alle ore di manodopera diretta del servizio di assistenza che il Concessionario addebita utilizzando una tariffa oraria che varia in funzione della tipologia di intervento. Tali ore vengono classificate in "retribuite" (Paid), "di presenza" (Attended), "lavorate" (Worked), "vendute" (Sold) e sono messe in relazione attraverso gli indici di efficienza.

New: si riferisce al business delle macchine nuove.

NSO (Normal Stock Order): è il tipo di ordine con cui ordinare i ricambi all'OEM per lo stock di magazzino.

OEM (Original Equipment Manufacturer): è un produttore di macchine e ricambi che si avvale di una rete di Concessionari sul mercato per la distribuzione del prodotto e l'assistenza postvendita.

Parts: si riferisce al business dei ricambi *in toto* indipendentemente dal canale di vendita utilizzato. Include tanto il consumo interno del servizio di assistenza quanto la vendita all'esterno (officine autorizzate, ricambisti specializzati o società di noleggio, vendita al banco).

Pre-picking: è il processo del magazzino ricambi attraverso il quale viene prima verificata la disponibilità di tutti i ricambi necessari ad un intervento di assistenza e successivamente, qualora tutti i ricambi siano disponibili, vengono prelevati dagli scaffali di magazzino e preparati per il meccanico assegnato all'intervento. I ricambi vengono anche predisposti per la fatturazione una volta completato l'intervento di riparazione.

R.A.L. (Retribuzione Annua Lorda): è lo stipendio annuo di un lavoratore dipendente al lordo delle tasse e contributi previdenziali, ma al netto degli accantonamenti TFR e della previdenza complementare.

Rental: si riferisce al servizio di noleggio.

Retail: letteralmente "vendita al dettaglio". Si riferisce all'attività di vendita del Concessionario verso il cliente finale; spesso è nota anche come attività di sell-out.

Salesmen: sono i venditori del Concessionario. Normalmente il Concessionario si avvale di venditori dedicati alle macchine (Machinery Salesmen) e ai ricambi (Parts Salesmen). Spesso i venditori delle macchine gestiscono anche le trattative per i contratti di estensione di garanzia e manutenzione programmata.

Sell-in: vedi Wholesale.

Sell-out: vedi Retail.

Service: si riferisce al servizio di assistenza postvendita del Concessionario che genera profitti attraverso la vendita di sole ore di manodopera. Le tipologie di intervento si suddividono in "lavorazioni interne" (Internal), "interventi in garanzia" (Warranty), "interventi fuori garanzia" (Retail).

Service Vans: officine mobili per l'assistenza *in loco*.

SoM (Share of Market): quota di mercato.

Technicians: sono i meccanici del Concessionario. Normalmente gli specialisti dell'assistenza si dividono in meccanici di officina (Workshop Technicians) e meccanici per l'assistenza *in loco* (Field Technicians).

TIV (Total Industry Volume): rappresenta il mercato totale della vendita di macchine nuove.

Trade-in: si riferisce all'attività di ritiro dell'usato da parte del Concessionario in occasione della vendita di una macchina nuova.

UDO (Unit Down Order): è il tipo di ordine urgente per i ricambi. Viene utilizzato per ordinare i ricambi che non sono disponibili in magazzino e che sono indispensabili per effettuare una riparazione urgente. In questo caso, l'OEM applica uno sconto più basso in cambio di un servizio di consegna rapido in 24/48 ore.

Used: si riferisce al business delle macchine usate.

VAT (Value Added Tax): IVA (Imposta sul Valore Aggiunto).

WACC (Weighted Average Cost of Capital): costo medio delle fonti di finanziamento (interne ed esterne).

Wholesale: letteralmente "vendita all'ingrosso". Si riferisce all'attività di acquisto del Concessionario da parte dell'OEM; spesso è nota anche come attività di sell-in.

Working Capital: capitale circolante netto. Rappresenta l'importo di liquidità necessario per finanziare l'attività di un'azienda.

YTD (Year-to-Date): riferito al mese di un anno, indica dati relativi al periodo che va dal primo gennaio fino alla fine del mese.

Bibliografia

Airoldi, G., Brunetti, G., & Coda, V. (1994). *Economia Aziendale.* Bologna: Il Mulino.

Altman, E. (1968, September). Financial Ratios, Discriminant Analysis and the Prediction of Corporate Bankruptcy. *Journal of Finance* .

Antonioni, M., & Rossi, C. (2009). *Indagine sul Parco Italiano Macchine Movimento Terra.* Unacoma, Comamoter. Bologna: Prometeia.

Barontini, R. (2000). *La Valutazione del Rischio di Credito. Modelli di Previsione delle Insolvenze.* Bologna: Il Mulino.

Bartoli, F. (2009). *Tecniche e Strumenti per l'Analisi Economico-Finanziaria.* Milano: Franco Angeli.

Bonati, G. (2009). Premi Inail: il Vademecum per l'Autoliquidazione 2009. *Guida al Lavoro* (n. 4), p. 70-76.

Borsic, D., & Gios, A. (1998). *Economia d'Impresa.* Torino: Isvor Fiat.

Bottani, P. (2004). ROI, WACC e EVA: Strumenti di Pianificazione Economico Finanziaria. *Amministrazione & Finanza* (n. 22).

Bottani, P., Cipriani, L., & Serao, F. (2004). Il Modello di Analisi Z-score applicato alle PMI. *Amministrazione & Finanza* (n. 1), p. 50-53.

Cacciapaglia, L., & De Fusco, E. (2008). Irap: Stravolte le Regole per il Calcolo dell'Imposta. *Guida al Lavoro* (n. 2), p. 23-27.

Caramel, R., & Coopers&Lybrand. (1995). *Leggere il Bilancio.* Milano: Il Sole 24 Ore Libri.

Cattaneo, M. (1976). *Analisi Finanziaria e di Bilancio. Teoria e Tecnica nella Concessione del Credito.* Milano: Etas.

Copeland, T., Koller, T., & Murrin, J. (2002). *Il Valore dell'Impresa.* Milano: Il Sole 24 Ore Libri.

Damodaran, A. (2010). *Valutazione delle Aziende.* Milano: Apogeo.

Facchinetti, I. (2004). *Le Analisi di Bilancio.* Milano: Il Sole 24 Ore Libri.

Fazzini, M. (2009). L'Analisi del Bilancio delle Imprese in Crisi. *Amministrazione & Finanza* (n. 10), p. 44-52.

Gios, A. (2009). *La Distribuzione Automobilistica nella Tempesta Perfetta.* Milano: Factory Prime.

Pedriali, F. (2006). *Analisi Finanziaria e Valutazione Aziendale.* Milano: Hoepli.

Smith, J. (2003). *How to Make more Profit with your Service Department.* Stourbridge (UK): Insight Training & Development Ltd.

Smith, J. (2001). *The KPI Book.* Stourbridge (UK): Insight Training & Development Ltd.

Sitografia

Accor Services – *Ticket Restaurant. Libertà e Convenienza*, www.buonipasto.it/files/buonipasto/tickets-info/presentaz_tr.pdf

Altman E. - *Predicting Financial Distress of Companies: Revisiting the Z-score and Zeta® Models*, pages.stern.nyu.edu/~ealtman/Zscores.pdf

Altman E. - *Revisiting Credit Scoring Models in a Basel 2 Environment*, www.stern.nyu.edu/fin/workpapers/papers2002/pdf/wpa02041.pdf

Altman E. - *The Use of Credit Scoring Models and the Importance of a Credit Culture*, pages.stern.nyu.edu/~ealtman/3-%20CopCrScoringModels.pdf

Arthur D. Little - *Dealer Risk Assessment and Contingency Plan Development*, www.adl.com/uploads/tx_extthoughtleadership/ADL_Dealer_Risk_Assessment.pdf

Associazione Servizi Formativi - *Criteri di Calcolo del Costo Lordo Medio Orario relativo al Personale Dipendente*, www.formimprese.it/Documentazione/Criteri_calcolo.doc

Dallocchio M. - *Finanza d'Azienda. Analisi per le Decisioni d'Impresa*, www.dallocchio-salvi.com

CNEL - *CCNL Aziende del Terziario della Distribuzione e dei Servizi*, www.portalecnel.it/portale%5CArchivioContrattiOnLine.nsf/0/C1257226004DA4CAC125765500390D0B/$File/9982.pdf

Comitato Torino Finanza - *Principali Indici di Bilancio*, images.to.camcom.it/f/tofinanza/GS/GSF_4-2.pdf

Impresa Oggi - *Gestione d'Impresa - Amministrazione e Finanza. Gli Indici di Bilancio. Bilancio di Impresa N. 7*, www.impresaoggi.com/it/d_artspec.asp?cacod=333

INAIL - *Tariffe*, www.inail.it/Portale/appmanager/portale/desktop?_nfpb=true&_pageLabel=PAGE_ASSICURAZIONE&nextPage=DATORI_DI_LAVORO/Tariffe/index.jsp

INPS - *Aliquote Contributive*, www.inps.it/doc/professionista/aliquote/aliquote.htm

Righetti M. - *L'Equilibrio Finanziario in una Formula Matematica*, www.commercialistatelematico.com/articoli/pubblici/altman.pdf

Righetti M., & Boninsegna M. - *La Crescita Autosostenuta di un'Azienda*, www.commercialistatelematico.com/nuoviarticoli/pubblici/427466665-crescita_azienda_banche_imprese.html

Wikipedia - *Herfindahl-Hirschman Index*, en.wikipedia.org/wiki/Herfindahl_index

La data dell'ultimo accesso alle URL citate è stata: gennaio 2011.

Annotazioni

Annotazioni

_____

_____

_____

_____

_____

_____

_____

_____

_____

_____

_____

_____

_____

_____

_____

_____

Annotazioni

Annotazioni

Altre pubblicazioni dell'Autore

Available @

www.lulu.com

www.amazon.com

THE DEALER DEVELOPMENT BOOK

HOW TO MEASURE AND IMPROVE RETAIL DISTRIBUTION IN THE
CONSTRUCTION EQUIPMENT INDUSTRY

Published by Lulu Enterprises, Inc. · September 2011

ISBN 978-1-4709-2609-0

Language: English

Author Spotlight: www.lulu.com/spotlight/domenicococomile_en

Stampato da:

www.ingramcontent.com/pod-product-compliance
Lightning Source LLC
Chambersburg PA
CBHW072036190526
45165CB00017B/946